Gerhard Behringer

Hans Gerhard Behringer

Aufatmen und neue Kraft schöpfen

12 Schritte aus Krisen und Erschöpfung

Kösel · Claudius

Zu diesem Buch gibt es auch eine CD:

Hans Gerhard Behringer

Ausgebrannt?

Aufatmen – Kraft schöpfen – neu werden.

Heilungsmeditationen

ISBN-10: 3-466-45765-3
ISBN-13: 978-3-466-45765-6

FSC Mix
Produktgruppe aus vorbildlich bewirtschafteten Wäldern und anderen kontrollierten Herkünften
www.fsc.org Zert.-Nr. GFA-COC-1298
© 1996 Forest Stewardship Council

Verlagsgruppe Random House FSC-DEU-0100
Das für dieses Buch verwendete FSC-zertifizierte Papier
Munken Print White liefert Arctic Paper

2. Auflage 2006

Umschlag: Kaselow-Design
Umschlagmotiv: zefaimages / masterfile / Daryl Benson
Druck und Bindung: Kösel, Krugzell
Printed in Germany
ISBN-10: 3-466-36702-6 Kösel
ISBN-13: 978-3-466-36702-3 Kösel
ISBN-10: 3-532-62337-4 Claudius
ISBN-13: 978-3-532-62337-4 Claudius

www.koesel.de

Inhalt

Der 11. Schritt: Stille und Meditation 186

Der 12. Schritt: Entlastung finden 198

Ausblick 212

Anhang 216

Hinführung und Grundlagen

Haben Sie vielleicht auch schon gelegentlich etwas gesagt wie: »Heute fühle ich mich völlig ausgelaugt, unheimlich ›fertig‹. Ich habe das Gefühl: Ich kann nicht mehr, finde alles zum Davonlaufen und fühle mich so maßlos erschöpft«? So kann es einem ja durchaus manchmal gehen. Wichtig wäre, dass dies kein Dauerzustand wird, dass es nicht ständig und immer so weitergeht.

Impuls Versuchen Sie sich bitte einmal zu erinnern: Wann, in welcher Situation und warum und zu wem habe ich Folgendes in der letzten Zeit einmal oder gar öfter gesagt: »Ich fühle mich so down, erschöpft, ausgelaugt ...« Oder: »Ich bin völlig kaputt, so fertig und kraftlos. Nichts macht mir mehr Freude, ich habe zu nichts Lust.« Oder: »Ich komme mir vor wie ausgeblutet und ausgebrannt ...«?

Wie kann sich so etwas entwickeln? Was geht dem voraus? Diese Fragen werden uns im Folgenden beschäftigen – die Hintergründe solch einer Entwicklung sind oft ganz verschieden, jeder Weg ist anders: Bei manchem geht es eher schleichend, manchmal kommt dieses Gefühl ganz plötzlich, ist vielleicht mit Außenereignissen verbunden, mit einer Krankheit, einer Krise im Berufs-, Beziehungs- oder Privatleben, erscheint altersbedingt – oder aber man ist ganz fassungslos und fragt sich nur: Was ist bloß los mit mir? Vor allem aber:

Was kann ich tun? Wie kann das wieder anders werden? Was kann mir helfen? Besonders darauf werden wir in den folgenden Kapiteln unser Augenmerk richten.

Denn viele sind es, denen es so geht und die das so erleben: Sie sind darin also durchaus nicht allein! Bei meinen vielen Seminaren und Kursen, Vorträgen und Trainings in Deutschland, in Österreich und der Schweiz begegne ich immer wieder Menschen, die sich überlastet, »ausgepowert« oder ausgebrannt fühlen. Erhebungen verschiedener Magazine und Forschungsinstitute sprechen inzwischen von jeder/m Vierten oder jedem/r Dritten in den deutschsprachigen Ländern, verschieden je nach Berufsrichtung, die sich erschöpft, ausgelaugt, überlastet, kraft- und lustlos fühlen.

Und alle stellen sie die Frage: Wie kann ich wieder Raum finden für die Freude, das Loslassen, wie neue Kraft gewinnen, das Leben wieder als Fest empfinden, Lebenshilfe erfahren in den Phasen des Jahres und des Lebens? Damit befasste ich mich – verbunden mit vielen konkreten Übungen, Praxisbeispielen und Impulsen für Verlebendigung und Anwendungsmöglichkeiten – in dem Buch von der »Heilkraft der Feste – der Jahreskreis als Lebenshilfe«[1]. Eine Fundgrube von Hilfsangeboten für alle Wochen und Monate und Situationen quer durch das Jahr.

Dann arbeitete ich weiter an Strategien, wie man Belastungen auffangen und neue Freude finden kann, Heilungswege für Verletzungen, für Krankheiten der Seele und des Körpers, neue Kraft und Stärkung für das Leben. Wir werden ja mit so viel Leid konfrontiert, tragen viele Schmerzen mit uns herum, leiden unter alten und neuen Verletzungen. »Wie kann ich Heilung finden, Befreiung von der Depression, Selbstüberforderung, von zu hohen Belastungen, Ansprüchen, schmerzhaften Verletzungen und Wunden?«, ist dann die Frage. Mein Buch »Geheilt werden – biblische Heilungsgeschichten als Lebenshilfe«[2] sucht und findet viele Antworten darauf. Doch die Zahl der Menschen scheint zuzunehmen, die sich in die Praxen von Ärzten, Psychologen und Therapeuten verschiedenster Richtungen begeben und klagen. Fachleute nennen es *Erschöpfungssyndrom* oder *Erschöpfungsdepression*, sprechen vielleicht von *vegetativer Dystonie* oder in besonderen Situationen von *posttraumatischer Belastungsstörung*, oder vom *chronischen Erschöpfungs- oder Müdigkeitssyndrom (Chronic-Fatique-Syndrom = CFS)*. Die Diagnosen sind verschieden. Immer häufiger nennt man es auch das *Burn-out-Syndrom*.

Im Laufe der Zeit bildete sich in meiner eigenen Erfahrung im Umgang mit mir selbst und mit Ratsuchenden und bei meinem Suchen und Systematisieren von heilsamen Faktoren gerade in stressreichen Zeiten, in Krisen und besonderen Belastungen, in Überforderungs- oder Erschöpfungssituationen eine Struktur heraus: Schritte sozusagen, die allen gut tun, die in solcher Lage nach Hilfe suchen und die vielleicht allgemeine Gültigkeit haben: Ich entdeckte die Bedeutung:

- von Distanz zur Auslöse- und Belastungssituation,
- von körperlicher Bewegung,
- von Ausdrucksmöglichkeiten zur Beschreibung konkreter Bedrückung und Not,
- von Berührung, Begegnung und Gespräch,
- von Freude an elementaren Dingen wie Essen und Trinken,
- von Entspannung und Schlaf,
- von Klärung und genauer Bestimmung: Wo stehe ich, was will ich nicht mehr? Lebensbilanz. Und: Was will ich, wo will ich eigentlich hin? Zielsetzung also,
- von unbewussten und bewussten »Antreibern«, Wertesystemen, die uns beeinflussen, motivieren, überfordern und quälen können oder aber bergen und entlasten, Glaubenssystemen, die hetzen oder heilen,

- von Stille und Meditation,
- von Entlastung, Hilfsangeboten, Zweisamkeit und helfender Gemeinschaft.

Eines Tages geschah es nun, dass ich genau all diese psychologisch-therapeutischen Gesichtspunkte, medizinisch und pädagogisch wertvollen Maßnahmen und ganz lebenspraktischen Hinweise entdeckte, erkannte und wieder fand in einer uralten Geschichte, verfasst vielleicht vor 2 800 Jahren – also fast 3 000 Jahre alt. Sie präsentiert, wenn ich sie nicht nur mit den glaubend-religiösen Augen des Theologen lese, sondern gleichzeitig mit den beratend-therapeutischen des Psychologen, all diese Punkte in komprimierter Form – in dieser Erzählung über einen der großen Weisen und Gottesmänner der alten Zeit.

Da ich ja als Theologe, Diplom-Psychologe und Psychologischer Psychotherapeut immer versuche, verschiedene Ansatzpunkte und Zugangswege zu Lebensfragen konstruktiv miteinander zu verbinden, habe ich im vorliegenden Buch diesen uralten Wegbegleiter gewählt für den Weg durch solch eine Schwäche- und Erschöpfungsphase hindurch, wie wir sie oben beschrieben haben. Seit Jahren beschäftigt mich nun diese Figur aus der jüdischen und der christlichen Tradition, die eben auch eines Tages – so wie wir oft – am Rande stand, in einer Krise, aus »heiterem Himmel« sozusagen ...

Er war ein erfolgreicher, kämpferischer Typ, ein Held in seiner Zeit, viel bewundert von seinen Anhängern, gefürchtet von den Gegnern. Und ihm ist genau das geschehen, was wir heute »ausbrennen« nennen: Er war tätig für seine »Mission«, seine Sendung, seinen Auftrag. Er war religiös und verkündete seinen Glauben. Dafür »brannte«, dafür lebte, dafür litt er – dieser Sache war er ganz verschrieben. Und er hatte das Glück, dass es ihm gelang, Menschen zu überzeugen, zu gewinnen – speziell bei einem ganz besonderen Fest, das vielleicht der Höhepunkt seiner Wirksamkeit zu sein schien: Und danach ging es bergab mit ihm, dann kam der Fall, der Absturz, die Erschöpfung, der »Burn-out«.

Das ist die Geschichte vom Propheten Elia, aus dem ersten Teil der Bibel, dem 1. Buch der Könige im 18. und 19. Kapitel. Im Anhang dieses Buches (S. 216 f.) können Sie die Geschichte genauer nachlesen, die wir im Folgenden Schritt für Schritt entfalten werden.

Eine alte Krisen-Bewältigungs-Geschichte

Wir beschäftigen uns mit dieser modellhaften Krisenbewältigungsgeschichte und dem Weg Elias hindurch und hinaus aus seiner Erschöpfungsdepression deshalb, weil ich im Laufe der letzten Jahre darin ein Modell entdeckt habe zur Frage: Wie geht man *hindurch* durch die Situation der Erschöpfung, der Mutlosigkeit, der Kraftlosigkeit? Wie geht man durch Krisen, die es immer wieder neu im Leben gibt, und schafft es, wieder neu Freude zu finden und Kraft zu schöpfen? Im Laufe der Jahre habe ich der zugrunde liegenden Geschichte 12 Schritte, 12 Phasen oder Etappen abgelauscht, in denen sich bei Elia dieser Prozess vollzieht, und ich habe den Eindruck, dass diese Etappen typisch sind und alle notwendig, um solche Krisen konstruktiv zu bewältigen und zu bestehen. Wohl können die Stufen in ihrer Reihenfolge verschieden sein, in der Reihenfolge abgewandelt werden – Entwicklung geht ja nicht schematisch! –, aber für eine ganzheitliche Krisenbewältigung scheinen sie mir *alle* von Nöten zu sein, psychologisch, medizinisch, aber auch seelisch-geistig wie geistlich-spirituell.

Ein ganzheitlich-spirituelles Modell

Anfang der Neunzigerjahre war ich in einer eigenen Krankheits- und Erschöpfungsphase auf diese Gestalt aus biblischer Tradition gestoßen und erkannte mich plötzlich darin selbst wieder: Ein leidenschaftlicher, sehr engagierter Mann hatte nach großen Erfolgen eine Durchhängephase, eine schwere Zeit, geriet in eine Krise. Lange schon hatte ich diese Geschichte gekannt, sie aber damals mit neuen Augen zu sehen gelernt: zugleich mit denen des Psychologen/Therapeuten und denen des Theologen/des Glaubens. Und dabei entdeckte ich, dass dieser Mann – Elia – ganz »normale« Entwicklungsstadien durchläuft in seiner Krise und dass in der alten Erzählung Schritte und Stadien seines Weges »durch die Krise hindurch« beschrieben werden, wie ich sie auch aus der psychologischen Forschung, aus der Psychosomatik und aus dem Stressmanagement kannte.

Wieso eine biblische Figur?

Die Erkenntnis dieser Parallele schlug bei mir ein. Ich hatte diese Sichtweise bereits schon in meinem großen Forschungsprojekt von der »Heilkraft der Feste« herausgearbeitet. Hier entdeckte ich die gegenseitig befruchtende Begegnung von Psychologie und Theologie bei der Betrachtung traditionell christlicher Feste. Ich erkannte, wie geistlich-spirituelle Inhalte der religiös-christlichen Tradition uns – neu verstanden und aktuell interpretiert – zu einer echten »Lebenshilfe« werden können – fast wie eine Art »Volkspsychotherapie« oder »Lebensberatung«.

Dasselbe erlebte ich nun mit der Elia-Geschichte. Nun mag es ja durchaus sein, dass Sie mit religiösen Inhalten, biblischen Geschichten oder christlicher Verkündigung gar nicht so vertraut sind oder im Gegenteil auch unbefriedigende und negative Erfahrungen gemacht haben und infolge dessen nun alldem distanziert und kritisch gegenüberstehen. Vielleicht haben Sie sogar eine Abneigung, Ablehnung, eine Art seelische »Allergie« gegen religiöse und Glaubensinhalte ganz allgemein entwickelt. Das kenne und verstehe ich sehr gut. Dennoch lade ich Sie ein zu diesem Experiment, eine uralte Geschichte mit neuen Augen zu betrachten und mich dabei zu begleiten, wie ich in ihr ganz lebensnahe, elementare, heilsame, therapeutische Elemente eines Bewältigungsmodells entdecke, wie wir sie heute aus psychologischer, neuroimmunologischer und medizinischer Sicht ganz ähnlich erfahren und bestätigen können. Und ich hoffe, Sie werden erleben, dass Sie dabei von mir nicht indoktriniert, vereinnahmt, im »allergieauslösenden« Sinne missioniert werden, sondern selber prüfen und entdecken können, dass Sie für Ihr Leben fruchtbare, befreiende und lebenschaffende Impulse empfangen und zu neuer Kraft und Freude finden.

Ein integrativer Ansatz

Meine Erfahrungen mit vielen Menschen in der Psychotherapie und Seelsorge, bei Seminaren, Tagungen und verschiedenen Veranstaltungen zeigen mir immer neu, dass wir heute eine Verbindung der verschiedenen Disziplinen dringend nötig haben – wie sie bei Heilern in alten Zeiten und noch heute in vielen Teilen der Welt durchaus zu finden ist: Medizinische, psychologische, soziale und ebenso religiös-spirituelle Kenntnisse sollten zusammenfließen und zugunsten der betroffenen Menschen in einem Heilungsprozess integrativ miteinander verbunden werden. Viele Menschen wenden sich nämlich heute neben der klassisch-medizinischen Behandlung auch anderen, alternativen, komplementären Heilweisen zu, die mit natürlichen Methoden, mit Naturheilverfahren und intensiver menschlicher Zuwendung sehr große Erfolge erzielen. Viele stellen also fest: Wir brauchen die Verbindung der verschiedenen »Lager«, »Schulen« und Betrachtungsweisen menschlicher Probleme, Krisen und Nöte. In diesem Sinne wollen wir im Folgenden die Bereiche Psychologie, Medizin, Religion, Spiritualität zusammen mit existenziellen Grunderfahrungen so miteinander verbinden und integrieren, dass Menschen in Krisensituationen dauerhafte Hilfe und Heilung erfahren, heil werden und heil bleiben können.

Ein archaischer Wegbegleiter?

Vielleicht wundern und fragen Sie sich nun dennoch beim Lesen: Wieso wählt der Autor Elia, ausgerechnet eine Person aus dem Geschichtenschatz der alten Bibel, als Modell und Begleitfigur? Das hat verschiedene Gründe:

Die spirituellen Überlieferungen und Traditionen der Völker und Epochen der Weltgeschichte bilden einen Schatz von Erfahrungen, der – möglicherweise neu, lebens- und leibnah und aktuell verstanden – auch für uns in der Gegenwart hilfreiche Weisheiten und Lebenshilfe zu bieten vermag. Im Verlauf der letzten zehn Jahre erschloss sich mir diese Persönlichkeit der hebräischen Bibeltradition in erstaunlich lebensnaher Weise. Daran möchte ich Ihnen Anteil geben. Mithilfe der

Tiefenpsychologie und einer sehr existenziellen Auslegungsweise, verbunden mit einer fast meditativen Betrachtung auch kleinster Textelemente, begegnete ich dieser alten Geschichte völlig neu. Wie bereits angedeutet, konnte ich darin Erkenntnisse wieder finden, die ich aus verschiedenen heutigen Psychotherapieformen, aus der Stressforschung, psychosomatischen Medizin und Gesundheitspsychologie ebenso wie aus den Grundlagen des Selbst-Managements und der Meditationsbewegung kenne.

Deshalb verbinde ich beim Betrachten des alten Textes immer das genaue Hinschauen, -horchen, Hineinspüren mit heutiger Erfahrung, mit Praxisanleitungen, mit Überlegungen zur Brauch- und Umsetzbarkeit des Überlieferten in unsere konkrete Alltagswelt. Wenn ich Sie nun zu dieser Entdeckungsreise einlade und mitnehme, bedeutet das überhaupt nicht, dass Sie von vornherein viel Wissen über oder Vertrauen in die alten religiösen Traditionen des Juden- und Christentums mitbringen müssten. Aber ein wenig Neugier und Offenheit ist nötig! Es wäre gut, Sie könnten sich eventuell auch überraschen lassen von Einsichten oder Aspekten dieses archaischen »Weltkulturerbes«, das die biblischen Überlieferungen darstellen. Und davon, wie ganzheitlich, elementar und umfassend hier der Weg durch eine Krise und ihre Bewältigung dargestellt werden. Ganz leibnah und realistisch werden körperliche, seelische und spirituelle Bereiche, Anteile und Aspekte einbezogen, sodass diese Geschichte für uns heute zu einem Modell werden kann für die Stufen oder Etappen durch eine schwere Lebenskrise oder Erschöpfungsdepression hindurch zu neuer Stärke, neuem Mut und neuer Lebenskraft.

Trotz eventueller Skepsis

Auch wenn Sie also möglicherweise mit den offiziellen Amtskirchen, der evangelischen oder der katholischen Volkskirche nicht so viel anfangen können oder »am Hut haben«: Im Weisheits- und Erfahrungsschatz aus deren Quellen könnte dennoch Ermutigung und Lebensweisheit überliefert sein, die uns bereichern und Orientierung geben können, unabhängig von Ihrer persönlichen Einstellung zur offiziellen Machtkirche. Dass dies möglich ist, erfahre ich, wenn ich mit psychologischen Augen, mit meiner spirituellen und Lebenserfahrung alte Geschichten aus diesem Überlieferungspool undogmatisch, unvoreingenommen und auf ganz neue Weise neugierig, mit modernen Augen und zugleich mit denen der Tiefenpsychologie und einer »Tiefentheologie« anschaue. Dazu machen wir uns jetzt auf den Weg.

Der Hintergrund

Elia gehört für die biblischen Glaubenstraditionen des Judentums wie des Christentums zu einem der ganz Großen der damaligen Glaubensgeschichte – berühmt, tatkräftig und erfolgreich. In unseren Zeiten wäre er vielleicht vergleichbar mit Mutter Teresa oder auch Dietrich Bonhoeffer und Pater Kolbe, Menschen, die es im Dritten Reich gewagt haben, Widerstand zu leisten und dafür auch in Einzelhaft und in den Tod zu gehen – oder mit Martin Luther King, Mahatma Gandhi, Don Helder Camara, Nelson Mandela oder Ernesto Cardenal, die mit einer vorbildlichen Entschiedenheit und Kraft für ihre Überzeugungen eingetreten sind.

Für die Menschen der damaligen Zeit war die eine Größe in Lebens- und Glaubensfragen Mose und die andere Elia. Und dann wird von Elia erzählt, dass er etwas Großes erlebte:

Der Zusammenhang war folgender: Als Prophet hatte Elia einen Auftrag von Gott empfangen, in seinem Land dafür zu sorgen, dass die Menschen wieder zur ursprünglichen Art der Gottesverehrung, zum reinen Gottesglauben zurückfinden, den sie früher hatten, den sie aber aufgegeben hatten, weil es neuere religiöse Strömungen, andere Kulte und andere Gottheiten gegeben hatte, die man inzwischen verehrte. Der neue Gott hieß Baal, das heißt Herr, und seine Verehrung war ganz anders geartet als die, die das Volk Israel praktizierte, in der man an jenen Gott glaubte, der unsichtbar ist, einen im Leben immer begleitet und den Namen Jahwe trägt, was ursprünglich bedeutet »ich bin für euch da« oder »ich bin der Ich-bin-bei-Euch«. Ein immer mitgehender, aber unsichtbarer Gott? Der Baalskult war ein Fruchtbarkeitskult und völlig anders. Und in einer Situation des Abfalls vom traditionellen Glauben hatte Elia nun die undankbare Aufgabe, das Volk und seinen König, besonders auch die Königin Isebel, die aus dem Ausland gekommen war und jene neuen, »modernen« Kulte mitgebracht hatte, darauf hinzuweisen, dass sie sich wieder dem alten Gott zuwenden sollen, der der Schöpfer, Erretter und der Erhalter dieses Volkes ist. Das gab unheimlich viel Wirbel. Religiöse Fragen – wenn man daran rührt – sind letztlich bis in unsere Zeit hinein allzu oft Anlass für heftige Konflikte, Aufregung und enorme Schwierigkeiten – Krieg und Terror eingeschlossen!

So wird im Folgenden anhand von 1. Könige 18 in der Bibel eine Geschichte berichtet, die uns vielleicht sehr fremd ist, aber auch eventuell bekannt, weil ein Ausdruck daraus sogar in die Umgangssprache eingegangen ist, nämlich wenn von einem »Gottesurteil« die Rede ist: Es wird erzählt, dass das ganze Volk eingeladen wurde auf einen großen Berg, den Berg Karmel. Und auf diesem Berg sollte sozusagen ein Wettkampf stattfinden zwischen den neuen Göttern, Baal und dergleichen – also der neuen Religion – und dem alten Jahwe-Glauben, dem Glauben an den Gott, der auf allen Wegen unsichtbar immer bei und mit uns ist. So hatte er sich dem Volk Israel vorgestellt und mit einem Namen anrufbar gemacht als der, der ständig und jeweils neu da ist für sein Volk. Und jetzt wurde ein Szenario inszeniert, das atemberaubend ist – ein Wettkampf: Ein großer Altar für die 450 Baals-Priester und ein großer Altar für Elia und seinen Jahwe-Glauben. Die Aufgabe war jetzt: Welcher Gott kann Feuer vom Himmel schicken und das, was da an Opfertieren darauf liegt, entzünden? Und welcher Gott dazu in der Lage ist, so kündigte Elia an, wird der sein, der in Zukunft verehrt werden soll. Und was passiert? Es war sozusagen ein richtiges Missionsfest. Ein Konkurrenzkampf, und es ging nur noch darum: Wer gewinnt? Vielleicht ist uns so etwas fremd – oder vielleicht auch doch nicht ... Kennen Sie nicht auch solche Arten, den Glauben zu verkünden oder mit Gott umzugehen, dass man denkt, man *müsse* ihn doch beweisen können, man *müsse* doch anderen beweisen können, dass man die besseren Argumente und den überzeugenderen Glauben vertritt? Kennen Sie nicht auch manchmal den Wunsch, Ihre Ansicht beweisen zu können, dass der von Ihnen vertretene Glaube (oder Zweifel) der richtige und der eigentliche und der stärkere ist? Solch eine »imperialistische« Haltung auch im Glauben und in der Glaubensverkündigung und Religion gibt es in unterschiedlichen Formen durchaus über alle Jahrtausende und Jahrhunderte hinweg und auch heute noch, und zwar im Christentum genauso wie in anderen Religionen.

Impuls 1. Sind Sie solchen kämpferischen Formen von Religion schon begegnet? Haben Sie sie vielleicht in Ihrer eigenen Erziehung selbst erlebt? Wie dogmatisch, autoritär und keinen Widerspruch duldend wurden oder werden Weltanschauungen vertreten von Menschen, die Sie erzogen oder geprägt haben, mit denen Sie zusammenleben oder zusammenarbeiten müssen? Solch intolerante Überzeugungsträger gibt es tatsächlich nicht nur in religiösen Fragen, sondern auch oft, was politische Anschauungen angeht, in Parteikämpfen, aber auch häufig in Ernährungsfragen, Erziehungsfragen oder ethischen Diskussionen. Kennen Sie da in Ihrem Umfeld ähnliche Rivalitäten und Szenarien, vergleichbar der Situation auf dem Karmel? Und wie empfinden Sie solche Menschen? Wie geht es Ihnen mit denen?

2. Elia war ein starker, mutiger, missionarisch von sich selbst überzeugter Persönlichkeitstyp, der leidenschaftlich für seine Überzeugung eintrat und sich mit voller Hingabe einer Sache verschrieb. Sind Sie selbst auch manchmal so? Kennen Sie diesen Feuereifer von sich auch? In welchen Bereichen und Lebensfragen ist das besonders stark? Welchen Preis kostet diese Lebenshaltung? Welche Erfahrungen machen Sie damit? Gibt es auch manchmal Grenzen oder Enttäuschung oder Überforderung? Oder kennen Sie andere, an denen Ihnen solche Züge auffallen? Bewundern Sie sie? Oder reagieren Sie darauf eher befremdet, ablehnend, distanziert oder gar ärgerlich?

Missionsfest und Entscheidung

So standen also 450 Baals-Priester in dieser eigenartigen Leistungsshow um den einen Altar herum, beteten und flehten, dass Feuer vom Himmel fällt auf ihre Opfergaben, tanzten und riefen in dem Bewusstsein: Wenn das hilft, dann ist dieses der richtige Gott. Auf der anderen Seite gegenüber Elia, der da allein bei seinem Altar stand. Ein Ereignis, das den ganzen Tag gedauert hat. Die 450 haben gerufen und geschrien, Elia hat noch gespottet, ihnen gesagt: Ihr müsst vielleicht etwas lauter schreien, vielleicht schläft euer Gott gerade oder er geht ein bisschen spazieren. Und so haben sie denn noch lauter geschrien, haben sich größte Mühe gegeben, Gott zu beeindrucken, indem sie sich selbst die Haut aufschlitzten, damit Blut fließt. Aber – so wird erzählt – es hat nichts bewirkt. Später hat Elia im Gegenzug – damit man auch sicher war, dass hier nicht mit unsauberen Tricks gearbeitet würde – noch viel Wasser über seinen Altar schütten lassen, bevor er gebetet hat – damit auch ja keiner sagen konnte, da sei schon irgendwo Feuer drin gelegen. Dann hat er den Gott Jahwe angerufen und gebetet: »Gott, lass Feuer kommen auf diese Opfertiere und auf das Holz und zeige, dass du der Herr in der Welt bist!« Und – so wird erzählt – dann ist es geschehen: Das Wunderbare ist eingetreten, dass alles in Flammen aufging, die Opfertiere und das Holz. Die Menschen waren beeindruckt, ergriffen von dem, was da passierte, und jetzt war »bewiesen«, welcher der richtige Gott ist.

Nun, Sie wissen ja schon: So einfach ist das mit Gott nicht, dass man ihn so *leicht* beweisen könnte und in der Tasche hat. Natürlich wünschen sich das viele Menschen. Meistens geht es jedoch nicht so spektakulär, überzeugend eindeutig und unwiderstehlich, wie es von damals erzählt wird. Aber Elia hat damals also »gewonnen«. Und dann hat das Ganze noch eine für uns heute sehr befremdliche Nachgeschichte. Sie ist durchaus wichtig für den Gesamtzusammenhang. Elia war eben so ein ganz Fanatischer und ganz Kämpferischer. Und damals, wie leider heute auch noch in manchen Glaubensrichtungen, hatten manche den Eindruck, man dürfe auch morden im Namen Gottes. Das sei gut und richtig so. Daher hatte auch Elia gemeint, Gott beauftrage ihn jetzt, die 450 Baals-Priester alle zu töten was er dann auch getan hat.

Was hat man nicht alles Gott schon in die Schuhe geschoben im Lauf von religiöser Erziehung, Politik und Moral durch die Jahrhunderte und Jahrtausende hindurch! Da müssen wir im Namen der Menschlichkeit viele Korrekturen anfügen und viel Kritik üben an Dingen, die im Namen Gottes verübt und praktiziert wurden, in Wirklichkeit aber zu einer Sündengeschichte des Christentums wie auch anderer Religionen zu zählen sind. Und doch gibt es auch heute noch – nicht etwa nur im Mittelalter – den Kampf zwischen Religionen, Glaubensanschauungen und politischen Systemen, der eigenartigerweise unter religiösen Vorzeichen geführt wird. Und so hatte das Mittelalter wie die Neuzeit ihre Kreuzzüge, Dschihads und Crusades, die Menschen unternahmen und weiter unternehmen im Glauben, sie täten dies im Namen Gottes und Gott sei »mit ihnen« und es sei eine notwendige Tat für den richtigen Glauben. Man dachte zwar manchmal, solche Aktionen seien seit dem Mittelalter vorbei, aber – wie wir erschreckenderweise nur allzu oft in den Nachrichten sehen oder hören: im Denken mancher Gruppierungen und Politiker, wie auch von Terroristen anscheinend nicht. Sie ist also gar nicht so weit weg, diese Art des Fanatismus: Ein Altar für die Baalsleute, ein Altar für Elia und seinen Gott – und am Ende ein Prophet für den wahren, lebendigen Gott und 450 in seinem Namen Getötete als Zeichen seiner Macht und seines Urteils! Es ist eben durchaus nicht alles Gottes Wille, was Menschen dafür halten und in ihn hineinprojizieren. Das hat sich auch in unserer Geschichte am Ende herausgestellt. Elia hat später eine ganz neue Lektion bekommen. Dieser heilsamen Wandlung und Korrektur seiner Gottesvorstellung und seines Wertesystems werden wir im 10. Schritt weiter unten noch genauer begegnen. Doch lassen Sie uns zunächst zurückkehren zum Ausgangspunkt, zum Anfang, wie es dazu kam, dass unser Begleiter nach all diesen Erfahrungen und Erfolgen plötzlich völlig am Boden lag und vollkommen am Ende war.

Der Absturz

Stellen Sie sich das gesamte Szenario bitte noch einmal vor: so ein Kampfereignis, solch ein riesiges Missionsfest. Und Elia hatte, weil er dachte, Gott sei einer, in dessen Namen man so richtig dreinschlagen und auch morden und rücksichtslos sein kann, alles so ausgeführt, wie er, Elia, es für Gottes Willen hielt. Sicher war das alles eine große Aufregung für ihn, weil es schließlich um Leben und Tod ging, weil er ja angedroht hatte: Wenn die »anderen« verlieren, dann werden sie alle hingerichtet, alle getötet, diese »anderen«. Vermutlich wäre es ihm selbst auch so ergangen, wenn sich alles anders entwickelt hätte.

Nun aber hatte er sich den Hass des Königs und besonders der Königin zugezogen. Jetzt war plötzlich er der Gejagte und Verfolgte: Die Frau des Königs war ungeheuer bestürzt, denn sie war es gewesen, die diese anderen, neuen Kulte und Religionen ins Land geholt hatte. So hat sie Elia jetzt den Kampf angesagt und geschworen: Das zahle ich dir heim! Dir besorge ich es. In der alten Bibelsprache, in 1. Könige 19, dem Kapitel, das wir im Folgenden zugrunde legen wollen und dessen Text Sie im Anhang (s. S. 216 f.) nachlesen und jeweils mitverfolgen können, klingt das so: Ahab erzählte Isebel alles, was Elia getan hatte. Königin Isebel war ohnehin schon außer sich über das ganze Geschehen, vor allem über die Niederlage in jenem »Gottesurteil«, und kochte vor Wut über Elias großen Triumph. Als sie nun von ihrem Mann Ahab erfährt, dass Elia tatsächlich auch noch alle Baals-Propheten mit dem Schwert getötet habe, lässt sie sich hinreißen zu einem Schwur, schickt einen Boten zu Elia und lässt ihm sagen: »Die Götter sollen mich strafen, wenn ich dich morgen um diese Zeit nicht ebenso umbringen werde, wie du meine Propheten umgebracht hast.« (Vers 2) Eine Morddrohung also.

Und Elia? Jetzt ist *er* der Gejagte. So schnell wendet sich das Blatt manchmal! Er hatte all diese Aufregungen hinter sich, und letztlich war alles ganz wunschgemäß und gut gegangen – er war auf dem Höhepunkt seines Aufstiegs! Und kaum ist der Höhepunkt erklommen, schon beginnt der Niedergang. Wie bei einer Sinuskurve!

Er hatte sich doch mit seiner ganzen Person, mit seinem ganzen Wesen und mit vollem Eifer, mit voller Überzeugung und aller Überzeugungskraft eingesetzt für die Sache und nun das ... Mordandrohung, Verfolgung. Da stürzt er ab in Angst, Verzweiflung, Lebensmüdigkeit, rennt in die Einsamkeit und wünscht sich schließlich den Tod. Auf diesem Weg werden wir ihn nun im Folgenden begleiten. Aber sehen wir uns doch diesen Ablauf vorher noch eingehender an:

Die »depressive Nachschwingung«

Die vorausgegangenen Ereignisse werden im Grunde genommen so dargestellt, als wäre alles wirklich überzeugend abgelaufen: Elia war absolut erfolgreich und hatte alle für seine Überzeugung gewonnen. Jetzt könnte er sich doch, so denken wir vielleicht, hinsetzen und sich einfach daran freuen: Es ist gut gegangen, ich habe gewonnen, es ist vollbracht und gelungen! Aber nun war alles ganz anders gekommen.

Impuls Wie ist das denn bei Ihnen: Was passiert nach solchen Höhepunkten? Wie geht es Ihnen nach Erfolgen, anstrengenden und dann doch bestens gelaufenen Situationen? Wenn Aufgaben gut gelaufen sind, zwar intensiv, aufwändig und mühsam waren, Ihre ganze Person gefordert haben – und wenn das dann bestens und mit Gelingen zu Ende geht: Wie ist das dann?

Eine Schauspielerin, mit der ich gut befreundet bin, erzählte mir: »Weißt du, Hans Gerhard, es ist ein ganz großes Ereignis, immer etwas ganz Besonderes, vor allem die Premiere, die erste Aufführung und neue Inszenierung eines Stückes. Tage, Wochen, Monate vorher wird geprobt, immer wieder neu, immer intensiver wird gefeilt, wird geschliffen. Dann kommt das Ereignis und dann geht vielleicht alles brillant, und der Beifall ist tosend. Und was kommt danach – nach diesem Moment, wenn dieser Beifall verklingt? Das Schlimmste, sag ich dir, sind die Stunden nach einer erfolgreichen Premiere. Dann fallen wir Schauspieler oft in ein tiefes, tiefes Loch. Da kippt etwas um. Alles ganz prima gelaufen – und danach hockt man allein in seinem Hotelzimmer. Und darum sind auch so viele Schauspieler süchtig – wie viele Leute, die im öffentlichen Leben stehen, auch Politiker. In diesen Stunden dann, wenn man langsam wieder herunterkommt von seinem Hoch, wie sich dann helfen? Dann sitzt man oft alleine da oder es wird in der Gruppe dann eben gemeinsam viel getrunken, gegessen, eventuell werden auch Drogen genommen und sinnliche Exzesse gefeiert, um das aufzufangen, weil es fast unerträglich ist.«

Sportler erleben dies bei ihren großen Meisterschaften und Wettkämpfen ebenfalls häufig: Wenn alles geschafft ist: Plötzlich kommt ein Loch. Im Großen wie im Kleinen kann das so gehen. Hintergrund für einen Zusammenbruch ist oft eine länger andauernde Leistungsphase, ein Erfolg, intensives Training für den Wettkampf – wie im Sport –, sorgfältiges Üben für Auftritt und Premiere – wie im Theater –, Entwürfe noch und noch – wie bei Künstlern oder im Designbereich –, sorgfältige Gespräche und harte Verhandlungen für ein Projekt, einen Vertrag, einen Auftrag – wie im Management, in Führungsaufgaben in Industrie und Wirtschaft – oder sorgfältig vorbereitete Feiern, Jubiläen und Familienfeste – wie im Familien- und Freundeskreis – oder Stress bei der gründlichen und sorgfältigen Vorbereitung von Prüfungen in der Aus-, Fort- und Weiterbildung, vielleicht gar für eine Dissertation und Promotion – in der beruflichen (Weiter-)Entwicklung.

Überall kann es passieren, dass man an genau diesen Punkt kommt: Eigentlich ist alles vorbei, im Grunde auch alles gut gegangen, der Erfolg ist gesichert, Aufatmen wäre angesagt – stattdessen bricht man zusammen, fühlt sich lustlos, wie betäubt und gefühllos, unfähig zur Freude, erschöpft und depressiv.

Vielleicht kennen Sie es auch vom Chorsingen. Ich habe jahrelang in Chören mitgesungen und wochenlang, monatelang geprobt auf diesen einen Höhepunkt hin – die Aufführung! Und dann der Moment nach dem letzten Akkord. Man hat alles gegeben, wenn man sich so richtig hineingibt, voll Glück hineinsteigert und mitnehmen lässt – und dann dieser letzte Akkord. Ich hätte manchmal danach fast weinen mögen – auch schon vor Freude und Ergriffenheit, aber auch vor Erschöpfung und dem Gefühl: Jetzt hast du alles gegeben, jetzt ist es weg. Wissen Sie, was ich meine? Bei Ihnen sind es vielleicht andere Dinge.

Viele kennen das von Festtagen, von Höhepunkten überhaupt, dass danach so ein Abflauen kommt – wir Psychologen nennen das eine »depressive Nachschwingung«. Weihnachten zum Beispiel: Großes Ereignis, Familie zusammen, alle hoffen und bangen, ob es auch ohne Konflikte abgehen kann oder ob wieder viel gestritten wird und schwelende Konflikte dann herauskommen. Es muss ungeheuer viel vorbereitet werden, es muss ja auch alles ganz wunderbar sein ... So werden wir getrieben von diesen Vorstellungen – und vielleicht gelingt es ja dann auch. Und es ist gut vorübergegangen. Und dann kommt etwas Komisches: »Nichts ist schwerer zu ertragen, als eine Reihe von guten Tagen«, so drückt der Volksmund das aus. Der »blaue Montag« ist übrigens auch ein Ausdruck, der die Stimmungsfärbung bezeichnet, dieses schale Gefühl im Bauch, dass man ein bisschen durchhängt, lustlos, mutlos und antriebslos ist. Viele erleben das an den Wochenenden. Für manche beginnt dieses Down nach dem Wochenende schon am Sonntagnachmittag. Ich weiß aus der Lebensberatung, der Psychotherapie oder aus Seelsorgegesprächen von vielen Menschen, dass sie sagen: »Da waren Tage der Ruhe und auch schön und gestaltet. Freitagabend beginnt das Wochenende, den Samstag, den halte ich dann gerade noch durch, da hat man auch noch viel zu tun. Sonntag ausschlafen, das geht auch noch – und dann kommt Sonntagnachmittag: Da bricht irgendetwas ab, ein Spannungsbogen. Dann werde ich so unglücklich, spüre meine Einsamkeit. Dann weiß ich gar nicht mehr, wofür ich eigentlich da bin.«

So oder ähnlich haben mir das schon viele Menschen in vertraulichen Gesprächen geschildert. In unserer Seele bricht oft gerade nach angenehmen Höhepunkten etwas zusammen, wir selber klappen dann zusammen. Dann gibt es viel Leiden und Einsamkeit, Lustlosigkeit, Ausgelaugtheit und Sinnlosigkeit. »Dabei ist doch jetzt der schöne Sonntag – und ich hänge herum!« Ja, es ist eben Nach-Höhepunkts-Zeit, der »Blues« am unteren Ende der Sinuskurve, die »depressive Verstimmung«!

Das Wissen um die Kurve

Der griechische Philosoph Aristoteles hat das ganz allgemein gültig vor fast zweieinhalbtausend Jahren schon so formuliert: »Nach Höhepunkten ist jedes Lebewesen traurig.« Vielleicht kennen Sie das sogar von manchen Situationen, wenn wir intim und in der Liebe glücklich vereint und zusammen sind, dass es in diesem Abklingen der Erregung und der Freude danach dann so etwas gibt – eine seltsame

Erschöpfung, die nicht nur schön ist, sondern die manchmal auch so etwas eigenartig Trauriges hat. Die französische Sprache hat für diese Erfahrung sogar ein Wort für den Orgasmus, das heißt »le petit mort«, »der kleine Tod«, um auszudrücken: Da ist zufriedene Erfüllung und zugleich auch ein seltsames, ganz anderes Gefühl. Höhepunkte haben das so an sich. Dieses Umschlagen ist für viele ungeheuer schwer zu verkraften! Daher ist es gut, wenn man das wenigstens weiß. Meiner Erfahrung nach kann es sehr heilsam für Menschen sein, um die Existenz und Wirkungsweise solcher Rhythmen wenigstens zu wissen: Oft hilft das Wissen um die Kurve schon ein Stück weit zu ihrer Bewältigung.

Viele von uns kennen das also, besonders diejenigen in helfenden Berufen, als Pflegepersonal in sozialen Einrichtungen, als Lehrer/innen, Pfarrer/innen, Diakon/innen, Ärzt/innen oder als Mütter und Väter, Omas und Opas im Engagement für all die, mit denen sie zu tun haben, für die sie verantwortlich und zuständig oder denen sie in Liebe und Fürsorge verbunden sind. Immer wieder dieselbe Erfahrung: Alles eingesetzt für die anderen – und was ist dann? Wenn dann die Kurve wieder runtergeht? Das ist die erste Erkenntnis aus den vielen genannten Beispielen und aus dem Schicksal unseres Begleiters Elia, aus der wir zu lernen haben: Dass es solch eine Kurve gibt, ist ganz normal. Ich habe erlebt, dass es vielen Menschen helfen kann, wenn sie ihren eigenen Prozess dadurch besser verstehen können: Aha, so ist das mit der Seele. So wie Sie als Frauen es bei sich vielleicht kennen: In jenen »Tagen« haben manche ja auch große Beschwerden und sprechen sich dann manchmal selber oder einander tröstend zu: »Naja, du weißt ja, in ein paar Tagen ist das alles wieder vorbei. Dann geht es dir wieder besser.« So heilsam und beruhigend kann es sein zu wissen: Da läuft ein Prozess ab, das ist ein Zyklus. Und gerade nach besonders anspannenden, anstrengenden und erfüllenden und auch begeisternden Ereignissen gibt es eben diese Nachschwingung. Was macht man dann, wenn man vom Sich-Verausgaben erschöpft ist? Nach neuesten Umfragen und Untersuchungen bezeichnet sich im deutschen Sprachraum jede/r Vierte als »ausgebrannt«. Unter Menschen aus helfenden Berufen soll sogar jede/r Dritte betroffen sein! Genau deshalb beschäftigen wir uns mit diesen Themen und mit dieser Geschichte: Wie geht man *hindurch* durch die Phasen der Erschöpfung, der Mutlosigkeit, durch Krisen, die es immer wieder neu im Leben gibt? Denn genau das finden wir durch den Weg und das Schicksal von Elia aufgezeigt: Elia ist nach jenem Höhepunkt zusammengebrochen und ausgebrannt. Das heißt: Ihm ging es genau so, wie wir das auch kennen, weil es – wie besprochen – eine psychologische Gesetzmäßigkeit ist. So ist seine Reaktion also nicht verwunderlich.

Ausgebranntsein: Entwicklung und Vorgeschichte

Oft sind es Leistungs- und Erfolgsgeschichten, längere Phasen totalen Einsatzes und intensiven Engagements, bis es zu jenem Gefühl von Erschöpfung, chronischer Müdigkeit oder eben des »Ausgebranntseins« kommt. Manchmal ist die Vorgeschichte dieses Zustands aber auch dadurch gekennzeichnet, dass es eine Zeit war »ohne besondere Vorkommnisse«: Der Prozess vollzieht sich unmerklich – langsam, schrittweise absterbend, austrocknend der Lebensfluss, der Fluss, die Flut der Ideen, Gedanken, der Schwung, die Freude. Stattdessen Lähmung, Stagnation, Müdigkeit, Depression, keine Lust, keine Power mehr, kein Schwung.

Dieses Gefühl, diese Not hat tausend Namen. Es ist ein Leiden, das sich in den letzten Jahren wie eine Epidemie verbreitet hat. Ein Mensch spürt, dass es so nicht mehr weitergeht. Er hat keine Kraft mehr, für nichts mehr, fühlt sich erschöpft und kaputt – im Inneren nur noch eine große Leere. Manche meinen, es sei die Krankheit unserer Zeit schlechthin. Unendlich viele leiden darunter, viele zerbrechen daran.

Immer wieder erzählen mir Menschen davon, von ihren Mühen, Kämpfen, Enttäuschungen, ihrer Einsamkeit und dem mühsamen Weg durch Erschöpfung und Krise hindurch. Im Folgenden möchte ich einen Mann zu Wort kommen lassen, Myron Rush, der von seinem Weg erzählt, wie er steil nach oben führte. Ein Mann, der Erfolg auf Erfolg häufte, bis dann auf einmal dieser Punkt kam, das Gefühl, ausgebrannt, am Ende und völlig erledigt zu sein:

»Ich betrat die Wohnung, warf meinen Mantel über eine Stuhllehne und verriegelte die Tür. Auf dem Weg zum Wohnzimmer nahm ich den Telefonhörer von der Gabel. Dann zog ich die Vorhänge zu, ließ mich in einen der weichen Sessel fallen und schloss die Augen. Wenn man – wie ich es so lange schon tat – die Kerze an beiden Enden abbrennt, erlischt sie nun einmal schneller. Mein Leben schien stockdunkel – ich war physisch und psychisch, geistig und geistlich am Ende! Mein unausgeglichenes Leben mit zu viel Arbeit und zu wenig Entspannung hatte mir zwar einigen geschäftlichen Erfolg beschert, aber auch enorme häusliche Probleme. Nach 23-jähriger Ehe fand ich mich plötzlich allein in einer kleinen, deprimierenden 3-Zimmer-Wohnung wieder. Zusätzlich zu meiner vollzeitlichen Beratertätigkeit hatte ich in den letzten drei Jahren bei der Gründung zweier Unternehmen mitgeholfen, einer Fabrik und einer Marketing- und Verkaufsorganisation. Als wir mit der Fabrik anfingen, lebte ich von den letzten 120 Tagen 100 aus dem Koffer. Während dieser Zeit reiste ich kreuz und quer durch elf amerikanische Bundesstaaten und verhandelte sechs Tage (und Nächte) in der Woche mit potenziellen Geschäftspartnern.

In meiner Freizeit brachte ich es in diesem Jahr noch fertig, zwei Bücher zu schreiben, zahlreiche Managementseminare an allen Ecken und Enden des Landes durchzuführen ... Meine Stimmungslage bestürzte mich. Ich war immer ein sehr positiv eingestellter, hochgradig motivierter, erfolgsorientierter Mensch gewesen. Und da saß ich nun ganz allein in einem dunklen Appartement, und es war mir völlig gleichgültig, ob ich jemals wieder zur Tür hinausgehen würde. Mein Selbstvertrauen war dahin. Meine Ziele hatten sich in Luft aufgelöst. Die Liebe und die Anteilnahme, die ich einmal für andere Menschen empfunden hatte, waren in Abneigung und Verdruss umgeschlagen ... Ich öffnete die Augen, erhob mich aus dem Polstersessel, ging einige Minuten in der Wohnung auf und ab und kam schließlich ins Badezimmer. Ich starrte auf mein Spiegelbild und dachte: › Wo ist bloß der Myron geblieben, den ich kannte?‹ Alles, was ich sah, war das leere Schneckenhaus, das er zurückgelassen hatte – ich war wirklich ausgebrannt!«[3]

Das Ausgebranntsein, der »Burn-out«

Im Jahr 1960 war dieses Wort aufgetaucht.[4] Damals schrieb der englische Erzähler Graham Green eine kleine Geschichte mit dem Titel: »A burnt-out case« – »Ein ausgebrannter Fall«. Vierzehn Jahre später nahm der deutschstämmige Arzt und Psychoanalytiker Herbert Freudenberger diesen Begriff auf und beschrieb damit zum ersten Mal einen Zustand, den er bei seinen Patienten immer wieder beobachtet hatte: einen Zustand totaler körperlicher und seelischer Erschöpfung. Und noch etwas beschrieb Freudenberger: *the burn-out* oder das *Burn-out-Syndrom* bedrohe besonders solche Menschen, die fleißig und engagiert und pflichtbewusst und fantasievoll durchs Leben gingen, Menschen, die sich durch ein besonders hohes Verantwortungsgefühl und Engagement auszeichneten.

In der Zwischenzeit ist die Burn-out-Forschung weitergegangen. Hunderte von Publikationen erscheinen jährlich zu diesem Thema und bei Google im Internet findet man binnen Sekunden fast 3 Millionen Einträge zu »Burnout«. Wie oben bereits angedeutet, sprechen Fachleute davon, dass heute jede/r Vierte oder gar Dritte, manche meinen sogar, in gewissen Berufsgruppen jede/r Zweite, sich vom Ausbrennen gefährdet empfindet oder tatsächlich davon bedroht ist. Besonders Krankenschwestern, Pflegekräfte, Lehrer/innen, Ärzt/innen, Menschen in sozialen Berufen fühlen sich davon betroffen, vielfach Frauen mit einer Doppelbelastung, aber im Grunde sind alle in allen Arbeitsfeldern und Hierarchieebenen davon bedroht. Zwar ist Burn-out kein Schicksal, das über uns hereinbricht, aber die Forschung spricht von einem beinahe typischen Weg in vier Stadien, die sich folgendermaßen beschreiben lassen:

Am Anfang stehen oft große *Begeisterung*, viel Lust und Tatendrang, viel guter Wille und eine anscheinend grenzenlose Energie. Arbeitszeiten und Arbeitsstunden scheinen keine Rolle zu spielen, man tut, was getan werden muss – und tut es gerne. Ganz egal, wie lange es dauert. Rückschläge und Misserfolge werden dabei anscheinend mühelos weggesteckt.

Nach der anfänglichen Begeisterung folgt langsam das zweite Stadium: Die *Ernüchterung*. Der Schwung und das Feuer gehen verloren. Entbehrungen werden einem bewusst, und manchmal taucht die Frage auf, leise noch, aber vernehmlich: Wozu das alles? Eine größere Distanz tritt ein zu dem, was man tut, und auch zu den Menschen, mit denen man es zu tun hat. Augenblicke des Missmutes und des Widerwillens kommen hoch.

In einem dritten Stadium wandelt sich die Ernüchterung zur *Enttäuschung*. Immer häufiger stellt sich das Empfinden ein, überfordert zu sein oder gar ausgenutzt zu werden. Überall sieht man einen Mangel an Anerkennung, an Einfluss, an Bestätigung. Die Enttäuschung wird zum Dauerzustand. Es entsteht ein Mangel an Energie, Schwung und Freude. Das emotionale und soziale Leben wird vernachlässigt und verflacht. Man zieht sich in sich selbst zurück. In der Seele tauchen sogar manchmal feindselige Wünsche gegen andere auf.

Das letzte Stadium: Ein Gefühl von *Angst* und *Hoffnungslosigkeit* lässt sich nicht mehr vertreiben. Immer öfter kommt einem das Leben sinnlos und leer und ausweglos vor. Es gibt Momente der Verzweiflung. Die körperlichen Symptome sind jetzt nicht mehr zu übersehen. Schlaflosigkeit, Verspannungen, Essstörungen vielleicht, oder gar gravierendere Störungen und Symptome. Der Blick in den Spiegel kann einen erschrecken: »Alles, was ich sah«, so gestand Myron Rush, »war das leere Schneckenhaus.«

Impuls

1. Haben Sie sich in den oben genannten Beispielen aus dem alltäglichen Leben oder in der Entwicklungsgeschichte dieses Mannes wiedererkennen können? Oder wie drücken Sie es für sich aus?

2. Um der eigenen Vorgeschichte möglichen Ausbrennens etwas näher kommen zu können, lohnt es sich, wenn Sie sich einmal Gedanken darüber machen: Wofür bin ich als Kind gelobt worden? Wofür gab es bei uns zu Hause Anerkennung? Wie wichtig war das Erbringen von Leistung? Und wenn Sie sich das klar gemacht haben, als nächsten Schritt die Frage: Was davon bestimmt immer noch mein Leben? Welche Aufträge habe ich übernommen, Sätze und Grundprogramme oder Leitlinien, die mich und mein Leben immer noch bestimmen?

3. Welche »Antreiber« sind später in meinem Leben dazugekommen durch Schule, Lehrer/innen, durch Kirche/Priester/Pfarrer/innen, durch Chefs, Kolleginnen und Kollegen, durch Partner/innen,

die Familie, Kinder? Was sind da meine bestimmenden Werte? Was treibt mich an?

4. Das ist nun die entscheidende Frage: Was möchte ich verändern in welcher Richtung? Was kann ich den Aufträgen, Engrammen und Einschärfungen, die mich bisher prägten und beeinflussten, heute und in Zukunft entgegensetzen?

Die im letzten Impuls genannte Frage wird uns natürlich in allen folgenden Kapiteln beschäftigen. Denn es geht ja, wenn man schon hineingeraten ist in die chronische Müdigkeit, die Erschöpfungsdepression oder das Ausgebranntsein darum: Wie geht der Weg hindurch? Welche Schritte können getan werden, um da *hindurch-* und gestärkt wieder *herauszukommen*? Wie können aus Krisen Chancen werden? Das geht – wie Sie sicher genau wissen – nicht auf einmal. Aber die Erkenntnis und Anerkenntnis meines Zustandes ist die wesentlichste Voraussetzung für eine Veränderung. Und dann geht es darum, Wege, Schritte und Hilfen, die wieder hinausführen aus dem Tief, kennen zu lernen und dann auszuprobieren.

Und damit kehren wir zurück zu Elia in seiner Situation nach dem Erfolg, seinem geistig-seelischen und politischen Höhepunkt, nun bedroht, in Angst, Enttäuschung und Verzweiflung: Was tut er als Erstes nach seinem Absturz? Es sind meines Erachtens zwölf Schritte, die er durchschreitet, zwölf Phasen, die er durchläuft auf dem Weg hindurch und hinaus aus seiner Krise. Und ich möchte es noch einmal eigens betonen: Dabei handelt es sich nicht etwa um eine statische Stufenleiter mit einer womöglich festgelegten Reihenfolge der Schritte und Stufen – nein, gewiss nicht. Es geht vielmehr um eine von mir entdeckte und entwickelte Strukturierung, die ein Ganzheitsmodell beschreiben will und anregen soll, alle im Folgenden genannten Aspekte, Elemente und Seiten des Lebens zu bedenken, einzubeziehen und zu berücksichtigen bei der Bewältigung, dem Hindurch- und Aus-Weg aus einer Krise.

Bewegung – hin zur Natur

Was also tut Elia als Erstes, als er hört: Ich werde jetzt verfolgt, die Königin, meine Erzfeindin, hat geschworen, dass sie mich bis morgen Mittag oder morgen Abend umbringen will. Was tut er als Erstes in dieser Situation? Als er nicht mehr kann? In seiner Erschöpfung, gepaart mit dieser riesengroßen Angst? »Da packte Elia die Angst und er floh«, so wird erzählt (1. Könige 19, Vers 3; s. S. 216 f.). Er verlässt den Ort, wo er war, und macht sich auf einen weiten, weiten Weg. Er haut ab, läuft und läuft viele Kilometer weit, bis an den Rand der Wüste. Er war eigentlich im so genannten Nordreich tätig und geht über etwa 120 Kilometer den ganzen Weg südlich durch das Nordreich, dann auch noch durch das Südreich bis hinunter in die Wüste. Er rennt um sein Leben – das weiß er. Aber er rennt, setzt sich in Bewegung, macht sich auf und verkriecht sich zunächst nicht einfach, sondern er tut etwas mit seinem Körper.

Er rennt zwar nicht freiwillig, sondern aus Angst, in Panik und Verzweiflung. Er »rennt um sein Leben«. Aber in unseren Stresssituationen ist es nicht anders: Wenn wir im Stress sind, dann sind wir oft in Angst, Anspannung, vielleicht sogar Panik – und dann wäre für unseren Organismus jetzt dasselbe angebracht: zu laufen, sich in Bewegung zu setzen, die großen Muskeln zu betätigen, den Kreislauf zu belasten, zu schwitzen und körperliche Anstrengung zu suchen.

Ich denke, das ist ein erster wichtiger Hinweis darauf, was auch wir brauchen in solchen Situationen der Erschöpfung,

Verzweiflung und Angst und dann, wenn wir nicht mehr können und am Ende sind: nicht untätig sitzen bleiben, nicht – wenn es mir schlecht geht – als Erstes einfach bloß die Flügel hängen lassen und alles über mich kommen und ergehen lassen. Nein, besonders jetzt gilt es, auf unseren Körper zu achten, mit unserem Körper etwas zu tun, ihn in Bewegung zu setzen und körperliche Aktivität zu suchen – das ist genau das, was jetzt nötig ist.

Die positive Kraft der Bewegung

Wir wissen aus der Stressforschung um die positive Wirkung speziell des Laufens und dessen, dass wir unsere großen Muskeln betätigen. Davon gehen ganz viele positive Wirkungen aus. Gerade, wenn man Angst hat – bei Elia ist ja zu der Erschöpfung und zu seiner depressiven Nachschwingung nach dem großen Erfolg und Höhepunkt nun noch die Angst um sein Leben gekommen. Wenn es nach seinem Schrecken und der Panik heißt, er rannte, »um sein Leben zu retten« (1. Könige 19,3), befand sich sein Körper in der typischen Stressreaktion: Dabei wird der Organismus in höchste Alarm- und Aktionsbereitschaft versetzt, um optimal agieren zu können, entweder zu kämpfen oder zu flüchten. Jedenfalls handelt es sich bei der biologisch-psychologisch ganz automatisch ausgelösten Stressreaktion, wie sie Hans Selye vor vielen Jahren entdeckt und beschrieben hat, sozusagen um eine »Generalmobilmachung« unseres Körpers. In dieser Situation werden Stresshormone freigesetzt, der ganze Organismus wird überschwemmt von solchen Stoffen, die uns aktivieren und entweder zum heftigen und intensiven Kampf ausrüsten oder zur Flucht. So werden wir optimal mit Reserven für das Handeln ausgestattet und das ist sehr, sehr gut, wenn es dann möglich ist, dass man diese vielen Körperprozesse, die durch die Hormone in Gang gebracht werden, auch ausagieren und ausleben kann.

Schwieriger ist es, wenn man dann am Schreibtisch oder an einer Maschine sitzen muss, im Auto, Wohnzimmer oder in einem Büro, und es kommt dort zu Stresssituationen. Bewegung ist nämlich eines der allerwichtigsten Mittel, um im Akutfall damit fertig zu werden. Sonst kann der Körper wie »vergiftet« werden von innen durch diese nicht abgebauten Botenstoffe, die dabei in Umlauf gebracht werden. Bei Bewegung hingegen, bei körperlicher Aktivität und Anstrengung werden Stresshormone, die in den Blutkreislauf ausgeschüttet wurden, abgebaut, und zwar viel schneller, als wenn wir in Ruhe bleiben würden. Daher empfiehlt David Cooper, wie auch viele andere Physiologen und Mediziner, dass wir möglichst viel in Bewegung, am besten immer laufend unterwegs sein sollten. Wenn es geht, sogar in einem leichten Trab, weil das unsere großen Muskeln fordert und den Körper und seinen Hormonhaushalt wieder beruhigt und wieder in Ordnung bringt, nachdem wir ohnehin immer viel zu viel Stresshormone in uns haben, weil es bei den häufigen und aufregenden Situationen im Leben oft kaum Gelegenheit gibt, sich zu beruhigen und die Spannung wieder abklingen zu lassen – aber schon kommt die nächste aufregende Situation, die Situationen addieren sich, die Anspannung steigt, und das Erregungsniveau steigert sich immerzu. Deswegen – so sagen uns die Forscher – sei es gut, sich möglichst viel körperlich zu bewegen, zu gehen, zu laufen, sich körperlich anzustrengen, gerade die großen Muskelpartien zu betätigen. Statt des Aufzugs die Treppe, statt des Autos zu Fuß, statt des Sofas mit Fernseher der Spaziergang – zur Abhilfe für den angestauten Stress oder als Stressprophylaxe.

Bewegung also ist angesagt: Laufen im Sinne von raschem Gehen oder Dauerlauf, Jogging oder auch Walking – was eben für Ihren Organismus, Ihre Gelenke und auch Ihre

Wirbelsäule bekömmlich ist und gut tut. Einschlägige Bücher über Walking, Jogging und Bewegung generell besagen, dass all diese Tätigkeiten das Selbstbewusstsein stärken, Selbstvertrauen fördern, Achtsamkeit, Zutrauen zur eigenen Kraft, zum Durchhaltevermögen aktivieren, Selbstdisziplin üben und uns zu einem gesunden Stolz verhelfen auf uns selbst, die eigene Konsequenz und die Kraft der Selbstüberwindung. All diese positiven Auswirkungen sind sozusagen der Lohn für die Mühe des Praktizierens. Nur ja keine Qual daraus machen, sondern wirklich locker gehen oder traben, alles, was man tut, wirklich mit Freude tun – egal welche Bewegungsform es ist. Immer in gutem Kontakt mit dem eigenen Atemrhythmus, am besten so, dass man sich dabei auch noch vergnüglich unterhalten kann. Dass dabei besonders auf geeignetes, weiches und gelenkschonendes Schuhwerk zu achten ist, wissen Sie ja sicherlich selber.

Impuls Beachten Sie bitte: Es geht hier nicht um Leistung, nicht um Rekorde, nicht um etwas schaffen oder etwa sich zügeln, besiegen, Grenzen missachten, sich und andere übertrumpfen, sondern um einen (vielleicht neuen) Zugang zum Leben, zur Lebensfreude, zum Glück des Augenblicks. Daher bitte rücksichtsvoll und liebevoll mit sich umgehen, auch bei Bewegung, Gymnastik, bei jeder Art von Sport, sonst tun Sie sich selbst weh und würden sich mehr schaden als nützen. (Sportmediziner können davon leider viel erzählen.) Ziel ist Wohlbefinden, Wohlgefühl, Freude und Glück – nichts anderes!

Das ist also das Erste, was wir von Elia lernen. Interessant: Er führt dies sozusagen mustergültig durch, wenn wir es unter dem psychologisch-psychotherapeutischen Blickwinkel ansehen oder unter dem der psychosomatischen Medizin. Und beachten Sie bitte: Hilfreich ist dabei *jede* Art von Bewegung. Dazu gehören auch zum Beispiel chinesische Heilgymnastik, Qui Gong oder Tai-Chi, verschiedene Yogatechniken oder eine leichte, liebevolle Gymnastik mit entsprechenden Pausen und Dehnungsübungen. Besonders wichtig dabei erscheint mir, dass es Freude macht: Wenn ich selbst meinen lockeren Lauf mache und dabei anderen begegne, die da an mir vorbeijoggen, fallen mir manchmal leistungsbetonte, verkniffene oder gar verbissene Gesichter auf, in die ich hineinzulächeln versuche. Verkrampfte Anstrengung kann sogar schädlich sein, wissen Sportmediziner uns zu sagen. Das ist wahrlich nicht gemeint, sondern Bewegung in Freude, im Einklang mit mir selbst und der Welt, in Harmonie und Vergnügen. Ein 104-jähriger vietnamesischer Heiler und Kräuterhändler sagt: »Mit klarem Geist und viel Freude« sollen die Übungen gemacht werden[5].

Aus Physiotherapie und Krankengymnastik wissen wir schließlich neuerdings, dass bei sportlicher Betätigung nicht etwa Härte, Rigorosität sich selbst gegenüber und Unnachsichtigkeit im Leistungsanspruch zählen wie früher etwa zu Zeiten des Turnvaters Jahn oder in den Erziehungs- und Trainingsidealen des Dritten Reiches und der Nachkriegszeit, sondern dass das Entscheidende die Bewegung selbst ist, entsprechende Pausen zur verstärkten Durchblutung des Gewebes und vor allem der Faktor Freude.

Impuls 1. Welche Bewegungsarten liegen Ihnen am meisten? Praktizieren Sie solche Sportarten besonders auch in Zeiten von erhöhtem Stress oder wenn Sie dazu kaum Zeit oder Lust haben? Was könnten Sie schaffen zu tun, auch wenn Sie sich müde und abgeschlagen fühlen? In die Sauna gehen, zum Schwimmen oder wenigstens einen kurzen Spaziergang machen?

2. Sind Sie eher ein Typ wie Elia, der für sich feststellt, dass er jetzt am liebsten allein sein möchte in seiner Verzweiflung und Erschöpfung, und allein in die Wüste rennt? Oder hilft Ihnen dann, sich in Gemeinschaft zu betätigen, in einem Sportclub, einer Wandergruppe, mit anderen im Fitness-Studio oder beim Lauftreff, auf der Skipiste oder Langlaufloipe oder im Schwimmbad? Oder wenigstens mit Ihrem Hund zusammen zu laufen in lockerem Trab? Finden Sie für sich selbst heraus, was für Sie passt und stimmig ist!

3. Melden Sie sich doch an zu einem Kurs in der Volkshochschule, im Bildungszentrum oder einem Seminar, wo Sie heilsame Übungen gezielt erlernen können, beispielsweise chinesische Heilgymnastik, Qui Gong, Tai-Chi, Yoga, Bauchtanz oder Stretching. Es gibt auch eine Fülle einschlägiger Bücher, Kassetten und Videos zu diesen Themen, wo Sie abwechslungsreiche Anregungen und Übungen finden können.

4. Ein weiser Lebenslehrer hat den Satz geprägt: »Wenn es nicht mehr geht, dann geh, bis es wieder geht.« Wenn gar nichts mehr »geht«, ich keinen Aus-weg mehr weiß, dann mich aufmachen und gehen, laufen, mich in Be-weg-ung bringen. Hat der Satz Ihnen etwas zu sagen? Probieren Sie es aus? Gehen, damit und bis es wieder (besser) geht!

Elia also macht es so: Er rennt und rennt und rennt, lässt sogar seinen Diener, den er als Begleiter dabei hatte, zurück und rennt dann allein weiter. »Alleine sein« war wohl seine Vorstellung und dass ihm das helfen könnte. Er wollte in dieser Situation niemanden mehr um sich haben. Weit läuft er und erschöpft sich nun auch damit, allerdings in einer gesunden Weise.

Noch etwas übrigens zur heilsamen Wirkung des Laufens. Vor etwa 20 Jahren gab es in den USA eine Vergleichsstudie zur Wirkung lockeren Laufens im Vergleich zu Gruppentherapie-Sitzungen oder gar keiner Behandlung bei depressiven Patienten: zweimal pro Woche Lauftreff, einmal wöchentlich

Gruppentherapie – oder eben gar nichts. Ergebnis: Die ersten beiden Gruppen schnitten fast gleich gut ab, auf Dauer sogar die Laufgruppe bei denen, die diese regelmäßige Praxis beibehielten, etwas besser. Obwohl ich als Psychotherapeut eine Kombination dieser beiden Methoden und Heilfaktoren für das Beste halte, machen auch mich diese Erfahrungen nachdenklich. Neuere Studien zum Vergleich des Laufens mit der Einnahme von Antidepressiva bestätigen die antidepressive Wirkung lockeren Laufens. Was werden Sie mit solchen Informationen tun und für sich davon ableiten?

Hin zur Natur

Ist nicht vielleicht auch das interessant und wichtig, dass Elias Rennen und Laufen eine Richtung hat? Er läuft in die Wüste hinein. Die Symbolik der Wüste und was das alles bedeuten kann, wird uns noch eingehender beschäftigen bei Schritt sieben. Jedenfalls wird hier schon deutlich: Er wendet sich hin zur Natur. Auch das ist vielleicht ein heilsamer Ratschlag für uns, nämlich auch darauf sorgfältig zu achten, dass wir uns – wenn wir denn schon Bewegung suchen – Zeit für uns selbst nehmen, dass es eine kraftvolle oder auch zur Ruhe bringende Umgebung ist, in die wir uns begeben. Überlegen Sie selbst:

Impuls Was kann mir draußen in der Natur helfen in schwierigen Situationen? Kenne ich Orte, die mir besonders gut tun? Ein »Wohlfühlplätzchen« oder eine Stelle, die mir »wohlgesonnen« ist, wie der Indianer Don Juan in Carlos Castanedas Büchern das zu fühlen und zu unterscheiden vermag? Einen »Kraftort«, der mich besonders anzieht?

Es ist vielleicht nicht gerade verkehrt, dass Elia sich nicht irgendwo versteckt, dass er auch nicht in die Stadt hineingeht, sondern dass er hinaus in die Natur geht, und zwar in eine ungestörte Natur – in die Wüste. Wer von Ihnen so etwas schon einmal erlebt hat, der weiß, dass die Wüste auch blüht und grünt, dass sie Weite und Stille bietet, aber auch bizarre und staunenswerte Farben und Formen. Wüst heißt eigentlich nur einsam und still. Aber da wächst viel und oft ist es dort wunderschön – keineswegs nur eine tote Landschaft. Vor Jahren war dies in dem Film »Die Wüste lebt« von Walt Disney zu sehen.

Für uns heißt das auch: Eine Situation suchen, wo wenig Ablenkung ist, wo ich ganz bei mir sein kann, wo kein Telefon klingelt, keine Post und keine E-Mail mich erreicht, keine Nachrichten und kein Fernsehen. Er geht hinein in diese Gegend, wo er allein sein kann, wo er auf andere Weise zu sich kommen kann als durch Ablenkung – und vor allem: wo kein neuer Stress auf ihn zukommt.

In dieser natürlichen Umgebung – so heißt es dann – setzt und legt er sich (Vers 4 und 5) unter einen Wacholderbaum – nach dem hebräischen Urwort kann es auch ein Ginsterbusch sein, ein Baum oder ein Strauch: Unter einen Baum sich setzen, zu einem Baum sich hinlegen! Indem sich Elia »unter dem Ginster/Wacholder« auf den Boden setzt und klagt (Vers 4), sich schließlich – der Bodenkontakt wiederholt, ja intensiviert sich! – unter den Baum auf den Boden legt und schläft (Vers 5), wiederholt und vertieft sich die Richtung der Bewegung hin zur Natur. Hier: hin zur Erde, hin zum Boden – er sucht direkten Boden-Kontakt, das heißt vom lateinischen Ursprung her »Berührung« mit der Erde. Auch das ein Heilungshinweis?

Impuls 1. Versuchen Sie doch selbst einmal die bewusste Kontaktaufnahme mit »Mutter Erde«, dem Boden, der uns trägt: durch Hinsetzen, Hinlegen, wache, bewusste, achtsame Berührung des Bodens; durch Riechen, Tasten, Schauen und Staunen. Vielleicht, indem Sie einmal einen Quadratmeter Wiesen- oder Waldboden »studieren«, beobachten, mit allen Sinnen zu erfahren suchen. Werden Sie dazu innere Ruhe finden? Im Vollzug der Übung vielleicht erst wird sie sich einstellen. Oder Sie legen sich mit ausgebreiteten Armen auf den Rücken auf den Boden – auch mal auf den Bauch – und erspüren den Unterschied – vielleicht gibt es auch keinen ...

2. Haben Sie schon einmal Erde gestreichelt, ein Stück Boden, ein Stück Rasen oder Wiese oder eine kleine Fläche Sand (es ist schließlich die Wüste, wo sich Elia befand!)? Zärtlich, hingebungsvoll, wie die Haut einer/s Geliebten? Versuchen Sie es draußen ruhig einmal. Das ist im wahrsten Sinne des Wortes »Kontakt«.

So lehrt uns Elias Weg die Richtung »hin zur Natur« und verweist uns auf den Boden, die Erde, »Mutter Erde« und auf die Pflanzen, die Bäume. Das ist wirklich interessant für uns. Ich suche einen Ort in der Natur, der mir gut tut, lasse mich dort nieder, lasse los, lege mich hin und suche die Nähe eines Baumes.

»Baum-Freunde«

Teile meines Psychologiestudiums habe ich in Amerika verbracht und dort viel gelernt von den Indianern, in Seminaren bei indianischen Medizinleuten, von ihren Ritualen. Indianer wissen dies intuitiv und auch in anderen Gegenden der Welt wird empfohlen, Freundschaft zu schließen und Kontakt aufzunehmen mit einem Baum – sich einmal hinzusetzen zu einem Baum. Es gibt ein Buch, das eines der besten ist, die es über indianisches Denken gibt. Sein Titel heißt: »Weißt du, dass die Bäume reden?«[6] Darin fragt Tatanga Mani aus dem Volk der Stoney in Kanada: »Weißt du, dass Bäume reden? Ja sie reden. Sie sprechen miteinander und sie sprechen zu dir, wenn du zuhörst. Aber die weißen Menschen hören nicht zu. Sie haben es nie der Mühe wert gefunden, uns Indianer anzuhören, und ich fürchte, sie werden auch auf die anderen Stimmen in der Natur nicht hören. Ich selbst habe viel von den Bäumen erfahren: manchmal etwas über das Wetter, manchmal über Tiere, manchmal über den Großen Geist.«

Jetzt werden Sie vielleicht sagen: Mit dem nüchternen Verstand unserer Zeit und seit der Aufklärung wissen wir doch: Bäume reden nicht. Natürlich! Aber vielleicht lassen Sie sich doch einmal darauf ein. Denn dass Elia sich zu einem Baum legt, verdient meines Erachtens besondere Beachtung: Instinktiv oder einer inneren Weisheit folgend sucht er sich in seiner Erschöpfung, in seiner ausgelaugten, angsterfüllten und verzweifelten Lage und auch für die dann folgende Lebensklage im Gespräch mit sich, dem Schicksal und Gott, aber auch für den tiefen Regenerationsschlaf, der darauf folgt, einen äußerst symbolträchtigen Ort: diesen Baum. Bäume können vieles versinnbildlichen, und vielleicht ist erst einmal zu fragen, was denn ein Baum für Sie bedeutet.

Impuls

1. Welche Bedeutung haben Bäume für Sie? Haben Sie sich schon einmal mit der symbolischen Bedeutung von Bäumen in Märchen, in der Kunst, in der Mythologie, in Sagen, Geschichten oder Träumen beschäftigt? Fallen Ihnen Beispiele ein für besondere Bäume? Oder kennen Sie besondere Bäume in der Gegend, in der Sie wohnen, die vielleicht Ausflugsziele markieren oder an besonderen Orten stehen?

2. Von einer indianischen Medizinfrau, Broke Medicine Eagle, bekam ich den Hinweis, den ich jetzt Ihnen hier weitergebe: Gehen Sie einmal zu einem Baum, den Sie ganz bewusst auswählen, hin und umarmen sie ihn – wie einen Menschen! Was erleben Sie dabei? Was löst es in Ihnen (aus)?

3. Wenn Sie noch einen Schritt weiter gehen wollen, können Sie die vorherige Übung vertiefen: Versuchen Sie dabei vorher zu erspüren, ob es dem Baum »recht ist«, wenn Sie seinen Standort, seinen Lebensraum betreten und Kontakt mit ihm aufnehmen (»Kon-takt« heißt ja vom lateinischen Ursprung her »Berührung«). Wenn Sie ihn so – achtsam, behutsam – innerlich zu fragen versuchen und er bejaht, dann umarmen Sie ihn, streicheln Sie seine »Haut« und fragen Sie ihn vielleicht sogar, ob er bereit ist, Ihnen etwas von seiner Energie abzugeben. Fürst Bismarck soll sich oft mit dem Rücken an Bäume gestellt haben, um deren Kraft zu empfangen und aufzunehmen. Sie können auch Ihre linke Hand wie ein Empfangsorgan an den Baum legen und Ihre rechte Hand zu einer Stelle Ihres Körpers oder eines Organs, das neue Kraft, Energie, Unterstützung brauchen könnte. Vergessen Sie bitte nicht, zum Abschluss Ihrem Baum zu danken für den Kontakt, den Austausch und sich ganz bewusst von ihm zu verabschieden.

Zu einem Baum also legt sich der erschöpfte Elia, einem Baum, der ein Bild ist für Verwurzeltheit, Verbindung von Himmel und Erde, ein Symbol, das tiefenpsychologisch vielfach als speziell männlich, aber auch speziell weiblich gilt, ein Urort der Seele und des Lebens jedenfalls.[7] Was macht wohl Bäume so besonders? »Bäume sind Heiligtümer. Wer ihnen zuzuhören weiß, der erfährt die Wahrheit. Sie predigen das Urgesetz des Lebens«, sagte bereits der Schriftsteller Hermann Hesse (1877–1962). Sein Kollege Erich Kästner (1899–1974) wusste: »Mit Bäumen kann man wie mit Brüdern reden. Die Wälder schweigen. Doch sie sind nicht stumm. Und wer auch kommen mag, sie trösten jeden.« Und Günter Eich hat sehr treffend gesagt: »Wer könnte leben ohne den Trost der Bäume?« Auch der weise Buddha (6. Jahrhundert vor Christus) erlangte unter einem Baum seine Erleuchtung. Seitdem wird diese Art von Baum »Bodhi-Baum« (Baum der Weisheit) genannt und von vielen Buddhisten verehrt.

Impuls

1. Manche Menschen bringen die Worte »lindern« und »Linderung« von Beschwerden, Schmerzen und Nöten in Zusammenhang mit dem Linden-Baum: Diese Wirkung sei nämlich seine Urbedeutung, meinen sie. Wollen Sie das einmal probieren: Erfahrungen suchen mit der »lindernden« Wirkung des Kontaktes, der Berührung oder Ruhepause im Kraftfeld einer Linde?

2. Ist Ihnen bekannt, dass es seit Jahrhunderten und Jahrtausenden viele Informationen über die heilsamen Wirkungen von Bäumen gibt? Die Volksweisheit und -medizin kennt viele Pflanzen, Bäume und Sträucher, die gesundheitsfördernd eingesetzt werden können. Wäre das vielleicht etwas, was für Sie lohnend sein könnte, wenn Sie es genauer erforschten?

Wäre es nun in der Geschichte ein Wacholderbaum, unter den Elia sich legte – wie dies der Kirchenvater Hieronymus Ende des 4. Jahrhunderts in seiner Übersetzungsarbeit der Bibel ins Lateinische, in der Vulgata (um 390), es voraussetzt[8] –, so ist für uns wohl doch interessant, was über ihn tradiert wird: Er sei als »Totembaum ein Wach-Halter, ein Lebendig-Macher, der die Sterbenden am Leben erhalten kann«. Welch eindrückliche Symbolik gerade für die Situation, in der sich Elia in jener Zeit befand! »Vor dem Holunder soll man den Hut abnehmen, vor einem Wacholder aber muss man in die Knie gehen.« Dieser Spruch zeigt, wie sehr man über Jahrtausende hinweg die Heilkraft des Wacholders geschätzt hat.

Wie der Holunder war auch der Wacholder eine regelrechte Baumapotheke. Sein Holz, seine Nadeln wie auch seine Beeren und sein ätherisches Öl[9] nahm man für unzählige Leiden in Anspruch.

Bäume können also Freunde für uns werden, Kraftorte für uns sein und sogar als Heilmittel bei Erkrankungen dienen. Darüber hinaus haben sie noch etwas Besonderes: Bäume können leben, ohne anderes Leben zu zerstören. Sie begnügen sich allein mit Wasser und dessen Mineralien und dem Sonnenlicht und wandeln alles für uns Schädliche in der Luft um in den für uns überlebensnotwendigen Sauerstoff. So sind sie uns Vorbilder der Wandlung, wunderbare Transformatoren und in der inneren Entwicklung uns Menschen »weit voraus«. So jedenfalls lehrte mich mein indianischer Lehrer Ramson Lomatewama aus seiner Hopi-Tradition.

Ich weiß noch, als ich damals auf jenem Seminar war mit der schon erwähnten indianischen Medizinfrau, Broke Medicine Eagle, dass ich das alles ziemlich eigenartig und schon sehr seltsam fand. Ich war doch ein durchgeschulter Student deutscher und amerikanischer Universitäten! Die Bäume reden nicht – »wusste« ich ... Mich da jetzt hinsetzen? Aber ich habe viel erlebt unter dem Baum – mit der Hypothese, er könne reden. Wie gesagt: Sie können das ja einmal ausprobieren: Was geschieht mit mir, wenn ich damit rechne, dass der Baum reden kann? Auch wenn ich – psychologisch betrachtet – nur »projektiv« vernehme, was ich da zu hören glaube, kann solche Hinwendung zur Natur etwas in mir bewirken, kann mich verändern, zur Ruhe bringen. Genauso wie die Vorstellung, Freundschaft zu schließen mit dem Baum, ihn »mir vertraut zu machen«, wie es Saint Exupéry von seiner Erfahrung mit der Rose und dem Fuchs beschreibt.

Wir haben damals dann sogar versucht, den Pulsschlag von »Mutter Erde« zu spüren, weil die Erde ein Organismus sei und deshalb über einen Pulsschlag verfüge. Mit meinem rationalen Verstand fand ich das alles ziemlich komisch, habe mich aber darauf eingelassen und gedacht: Ja, wie wäre das, einfach einmal anders spüren, anders dasitzen wie sonst? Man kann tatsächlich eigenartige Dinge erleben – Sie werden es ja sehen. Vor allem: In diesem Kontakt-Aufnehmen verändere ich mich mit. Ist das nun vielleicht nicht doch ein guter Tipp für Sie, wenn Sie in innerer Not sind: die Natur aufzusuchen, vielleicht einen Baum zu suchen, einen Kraftort in der Natur für sich auszumachen? Jedenfalls – so meine ich – erlebt in diesem ersten Schritt durch seine Krise und Erschöpfungsdepression hindurch Elia hier auch die heilende und stärkende Wirkung der Natur und ihrer »Bewohner«.

Der 2. Schritt

Klagen und Einsicht

Das Nächste, was Elia dann tut, ist, dass er sich hinlegt und klagt. Es heißt sogar in Vers 4, er »wünscht sich den Tod«. Ist das vielleicht erschreckend oder auch erstaunlich für Sie? Ich weiß letztlich nicht, wie es Ihnen ergeht, wenn Sie das lesen. Aber ich finde es im Grunde erleichternd, modellhaft und auch sehr sympathisch, dass in solch einer Geschichte auch dieser Grad von Erschöpfung, die buchstäbliche »Lebens-Müdigkeit« nicht wegretuschiert wird. Dass da auch nicht im Laufe der Überlieferung – der Text ist schließlich jahrhunderte- und jahrtausendelang immer wieder neu weitererzählt, auf- und abgeschrieben und auch immer wieder überarbeitet worden – bestimmte Passagen entfernt wurden.

Das ist gar nicht selbstverständlich! In den Augen mancher Menschen ist es nämlich etwas ganz Verbotenes zu sagen: »Ich kann nicht mehr und ich will auch nicht mehr. Jetzt ist es genug und ich wünsche mir den Tod.« Ich weiß nicht, wie es Ihnen damit geht, ob es diese Stimme auch in Ihnen gibt?

Impuls Wie geht es Ihnen, wenn solche Gedanken kommen? Wenn die Mutlosigkeit und die Kraftlosigkeit so groß werden, dass Sie sagen: Am liebsten möchte ich nicht mehr leben. Lassen Sie solche Regungen zu? Gestehen Sie sich das zu und ein? Oder unterdrücken und bekämpfen Sie sie?

Wenn Sie das kennen, dann haben Sie jetzt sozusagen einen Bundesgenossen, der das auch kennt und so erlebt hat: unseren Begleiter Elia. Er ist offenbar einer, der mit dem Leben bis zu diesem Extrem vertraut ist und uns lehrt: Ich muss mich nicht schämen, ich muss nicht verstecken, dass es solche Gedanken gibt. Im Gegenteil! Weiter heißt es dann in dieser Geschichte: Er wünscht sich den Tod und er drückt es sogar laut aus: »Es ist genug, Herr.«[10] Umgangssprachlich würden wir sagen: »Es reicht! Mir langt es! Nun ist es genug, Herr, nimm mein Leben« – so bittet Elia – »denn ich bin nicht besser als meine Vorfahren.«

Ich glaube, dies ist für die seelische Heilung ein ganz wichtiger Schritt. Elia formuliert es übrigens sogar als Gebet und sagt ganz frei und offen: Genug. Ich habe jetzt alles geschafft und ich bin jetzt erschöpft und bin selber »geschafft« – und nun nimm mein Leben, denn ich bin auch nicht besser als alle anderen.

Ein eigenartiges Gebet, nicht wahr? Eine Klage – wie gesagt. Das also ist die nächste Etappe auf dem Weg der Heilung und hindurch und hinaus aus der Krise: den Mut haben, es »rauszulassen«, es deutlich auszusprechen und zu artikulieren: So geht es mir. Ich will nicht mehr, ich kann nicht mehr, ich werde auch nicht mehr – dann lieber sterben. Verbunden mit der Erkenntnis: Ich bin auch gar nicht so wunderbar, wie ich manchmal von mir gedacht habe. »Ich bin auch nicht besser« als andere. Ein großer Schritt, dieses Gefühl laut werden zu lassen. Wissen Sie, nicht nur als Gedanke im Kopf, auch nicht nur als Grübeln, das sich dann immer wieder wiederholt. Es *laut* auszudrücken, ist eine ganz große Hilfe!

Raum für Klage

Nun gibt es sowohl die Chance, mit jemandem zusammen über die Krise zu sprechen, als auch die Möglichkeit, es alleine zu tun, um mit sich selbst Bilanz zu ziehen, für sich selbst genau hinzuschauen und zu fragen: Was ist jetzt eigentlich los? Was ist denn da geschehen? Was ist schief gelaufen? Was ist gut gelaufen? Was macht mich jetzt eigentlich so fertig?

Ich mache es manchmal mit meinem Tagebuch so, dass ich aufschreibe: Was ist es genau, was mich jetzt so quält? Um es dingfest zu machen. Schreiben ist sehr gut, weil man die Situation mit allen Einzelheiten dann vor sich ausbreitet. Das Sprechen jedoch, das laute Ausdrücken, hat noch eine ganz besondere Qualität: Ich höre auch mit meinen Ohren, wie ich es sage und wie ich es ganz konkret benenne, was mich belastet, was mich ärgert, was mich stört und was mir fehlt.

In unserer Geschichte kommt dieser Aspekt des Ausdrückens – mit einem anderen Schwerpunkt – später noch einmal: In Schritt neun zieht Elia Bilanz. Da hebt er noch einmal an und sagt zu Gott: »Ich habe mich leidenschaftlich für dich, den Gott Israels und der ganzen Welt, eingesetzt; denn die Leute von Israel haben den Bund gebrochen, den du mit ihnen geschlossen hast; sie haben deine Altäre niedergerissen und deine Propheten umgebracht. Ich allein bin übrig geblieben und nun wollen sie auch mich noch töten.« (Vers 10 und sogar noch einmal wörtlich wiederholt in Vers 14 – zweimal also wird die Lebensklage auch dort wiederholt.) So redet Elia mit dem Gefühl, das könne er alles zum Leben, zum Schicksal, zu Gott sagen: »Ich habe keine Lust mehr, es ist mir alles zu viel. Ich bin müde – nicht nur im physischen Sinn, sondern lebensmüde: Es hat doch alles keinen Wert. Alle sind hinter mir her und ich bin so allein.«

Er schaut seine Situation konkret an, benennt klar und deutlich im Einzelnen, was ihn beschwert, wo ihn der Schuh drückt, was ihn quält. Genau darin besteht – so wissen wir aus Krisenbewältigung, aus Selbstmanagement und Stressforschung – ein wichtiges Element, um hindurchzukommen durch eine Krise, um irgendwann auch neue Kraft zu finden, sich der Situation gestärkt und verändert neu zu stellen. Elia schiebt die Tatsachen nicht weg, er »verdrängt nichts«, so würden wir Psychologen sagen. Er beschönigt seine Situation nicht, versucht sie auch nicht zu verschleiern durch entschuldigende und oberflächliche, tröstende Gedanken, auch nicht durch den Einsatz von beruhigenden Tabletten oder Suchtmitteln, die ihm den Blick trüben oder das Ganze wie in rosarotes Licht getaucht erscheinen lassen könnten. Er sucht auch keinen Sinn in dem, was ihm hier an Ungemach widerfährt. Sie wissen doch, was man alles für großartige Dinge versuchen könnte: sich selbst zuzusprechen, »Du musst nur positiv denken! Fasse nur Mut, du schaffst es!«.

In dieser Erschöpfung und in dieser kraft- und mutlosen Lage hilft nur die ganz konkrete, aber hilfreiche Klage: Dass ich ausdrücke, was mich quält, was mir fehlt, wo es brennt und wo es schmerzt.

Impuls Wie machen Sie das eigentlich? Ist Ihnen eine solche Verhaltensweise vertraut? Wie wurde in Ihrer Herkunftsfamilie mit Beschwerden umgegangen? Konnten Sie lernen, Quälendes auszudrücken? Von wem – als Modell – haben Sie sich diese Fähigkeit abschauen können? Wer hatte ein offenes Ohr für Sie und Ihre Klagen? Und wie ist es heute? Oder wer könnte Ihnen ein Beispiel sein, als Vorbild dienen für die Erlaubnis, sich auszudrücken, zu zeigen und zu klagen?

Konstruktives Klagen

Klage in diesem Sinne ist etwas durchaus Konstruktives! Sie bildet eine wichtige Voraussetzung dafür, Änderungen einzuleiten. Denn dazu brauchen wir zunächst einmal die Fähigkeit, konkret zu benennen, was fehlt und quält. Erst dadurch bahnt sich an, dass eine Veränderung möglich wird, wenn ich zunächst einmal genau beschreibe: Was ist es denn, was ich in meinem Leben *konkret* verändern möchte, was anders werden soll? Sonst bleibt das Gefühl, wie in einem dumpfen Nebel zu wandern, wie im November, wenn alles grau ist: Es ist uns gar nicht wohl, es ist uns zwar alles zu viel, aber manchmal weiß man selbst gar nicht so genau, woran es im Einzelnen liegt. In Schritt neun wird uns noch einmal begegnen, wie wichtig es ist, eine konkrete Richtung für die Veränderung zu erahnen, zu visualisieren – als Vorausschau und Zielorientierung – um diese Richtung dann auch einschlagen zu können. Aber so weit sind wir an dieser Stelle des Prozesses eben noch nicht. Im Moment genügt es, dass ich die Schwere und Not der Situation erst einmal ganz konkret benenne, um sie auch fassbar zu machen, damit es vielleicht später möglich ist, etwas daran zu ändern. Dann kann ich genauer hinschauen: Wo genau ist das, was ich verändern kann?

In vielen Gesprächen mache ich die Beobachtung, dass Klage dann nicht mehr konstruktiv wirkt, sondern sogar chronisch werden kann, zu einem Dauer-Lamentieren sozusagen, wenn Menschen sich nicht wirklich auch einmal selbst zugestehen, »Ich darf jetzt konkret benennen, wie es ist, auch wie ausweglos oder wie schwierig es für mich ist«, wenn sie sich stattdessen dafür schämen und es doch nur hinter vorgehaltener Hand tun. – Kennen Sie das auch, dass Menschen zunächst erklären: »Ja, ich will ja nichts sagen, aber wissen Sie …«? Und dann wird ein wenig erzählt und angedeutet, dann rücken die Stimmen manchmal in den Kehlkopf hinunter und dann kommt es heraus mit etwas gepresster Stimme, sehr leise, aber genauso giftig, als wenn man es klar sagen würde, wie alles immer schlimmer wird, die Aussichtslosigkeit, die Not mit Eltern, Kindern und Enkeln vielleicht, der Stress in der Arbeit, im Beruf, wo immer mehr Personal und Geld eingespart werden, vorn und hinten Hilfe fehlt ... Aber all das wird abgewürgt durch ein kleines Schuldgefühl, das besagt, man dürfe das ja eigentlich nicht. Und am Ende sagen dann manche: »Aber ich will ja nicht klagen«, wollen dann am liebsten wieder alles zurücknehmen und entschuldigen sich dafür.

Wieso eigentlich dieses Schuldgefühl? Warum dürfen wir uns nicht beklagen? Gewissensbisse, Redeverbot und Maulkörbe sind meines Erachtens nicht der Weg zur Veränderung und zur Bewältigung solcher Situationen. Wenn Grund dafür da ist, dann muss es doch ausgedrückt werden, auch um etwas verändern oder mich ändern zu können oder wenigstens meine Einstellung dazu ändern – wie es Arthur Schopenhauer einmal empfahl: Manchmal kannst du die Situation nicht verändern, in der du bist, aber dann kannst du wenigstens deine Einstellung zu der Situation verändern!

Impuls Kennen Sie den hilfreichen Wunsch Johann Christoph Oetingers: »Gott gebe dir die Gelassenheit, die Dinge hinzunehmen, die du nicht ändern kannst, den Mut, die Dinge zu verändern, die du ändern kannst – und die Weisheit, das eine vom anderen zu unterscheiden«? Am besten lernen Sie ihn auswendig und machen sich dieses Lebensmotto zu Eigen.

Klage-Zeiten und Klage-Lieder

Wussten Sie, dass die Vorsilbe »Kar« in Karfreitag, Karsamstag oder in der Karwoche aus dem Alt- und Mittelhochdeutschen kommt und ursprünglich Klage bedeutet?[11] Dabei geht es also darum, der Klage auch in unserem Leben einen Raum zu geben und sie zu erlauben. Denn sie kann »not-wendend« sein! Nicht nur betroffenes Schweigen ist daher angesagt, sondern hier wird in dem Jahrtausende alten Lebenshilfeweg des Kirchenjahres Raum für unser Klagen angeboten, für den Aufschrei, für das Anklagen und das Beklagen eines Kummers, Schmerzes, eines Verlustes oder der Trauer. Die Bibel geht mit solchen Prozessen sehr natürlich und nüchtern um, weil sie zum Leben gehören. Es gibt eine ganze Reihe so genannter »Klagepsalmen«, wie etwa die Psalmen 10, 13, 22, 31, 42, 69, 74, 79, 88 und viele andere mehr. Stellen Sie sich vor, dass in dem »Liederbuch des Gottesvolkes« – die Psalmen waren ja eine Art Gesangbuch – ganz viele Kapitel stehen, wo auch richtiggehend mit Gott geschimpft wird. Wo Menschen Gott fragen: »Warum tust du das?« Ein ganzes biblisches Büchlein ist voll von »Klageliedern Jeremias«. »Warum reißt du den Himmel nicht auf und kommst? Warum hast du uns denn ganz vergessen? Warum greifst du nicht ein?« – so wird da gefragt. Und nach dem Zeugnis des Markus-Evangeliums soll Jesus sogar so gestorben sein, dass er vorher noch geschrien hat: »Mein Gott, warum, warum hast du mich verlassen?«

Es gibt hier also – wie wir sehen – kein Tabu: Man darf, ja man muss sogar seine Klagen formulieren, ausdrücken und an den Himmel schreien dürfen, auch die Frage »Warum?«.

Impuls Es lohnt sich sicher, wenn Sie solche Psalmen einmal lesen, am besten sogar laut! Und darin die Befreiung, Erlaubnis und auch Schulung erfahren, eigenes Leid, eigene Not und Verzweiflung ungeschminkt und konkret in Worte zu fassen. Nehmen Sie sich ruhig dafür die »Klagelieder Jeremias« oder die oben erwähnten Psalmen vor.

In der Umgebung, in der ich aufgewachsen bin und religiös erzogen wurde, war die Frage nach dem »Warum« nie erlaubt gewesen. Sie war verpönt. Man dürfe nicht »warum« fragen, wurden wir gelehrt: Du kannst doch nicht Gott fragen, warum er so und so handelt! Wie kannst du nur! In dieser engherzigen Frömmigkeit schien das verboten. Im Gegensatz dazu waren die biblischen Menschen offenbar gesünder, wie uns bereits die oben genannten Klagepsalmen zeigen oder wie uns ein Blick in eine biblische Wort-Konkordanz unter dem Stichwort »Warum« lehrt. Biblische Schreiber haben gewusst: Natürlich darf ich mit allem, auch mit meinem Aufstand und meinem Aufbegehren und meiner Wut und meinem Zorn, eben mit allem, was in mir ist, zu Gott kommen. Genau im Einklang damit redet Elia so mit Gott, wie Sie es vielleicht noch nie getan haben, und sagt: »Es ist genug, Herr. Ich kann nicht mehr, ich mag nicht mehr, jetzt nimm mein Leben.« All das muss heraus aus uns, darf laut werden und reinigt so auch unsere Seele.

Gerade weil, wenn wir es uns verbieten würden, es dann doch auf ganz andere Weise aus uns herauskommt: Vielleicht drückt sich körperlich in Form von Symptomen aus, was wir immer wieder hinunterschlucken, um ja nichts zu sagen; oder auch in Form seelischer Symptome – entweder man platzt irgendwann und bricht nach außen aus in Zorn und Aggression – oder man bricht nach innen zusammen, keine Explosion, sondern eine Implosion in Form einer Depression, chronischer Hilf- und Hoffnungslosigkeit oder eben Lebensmüdigkeit und quälender innerer Leere.

Sie wissen ja vielleicht, dass es in Jerusalem am ehemaligen jüdischen Tempel eine »Klagemauer« gibt: Da stehen seit Jahrhunderten jüdisch betende Menschen, die dort alles laut werden lassen, was sie sonst andauernd mit sich herumtragen würden. Sie schreiben dies zum Teil auf kleine Zettelchen, die sie in die Mauerritzen hineinstecken und es zusätzlich laut aussprechen, sogar noch mit Körperbewegungen verbunden. Das macht es noch wirksamer und direkter!

Ein Bekannter hat mir übrigens erzählt, dass es jetzt in Jerusalem bei der Klagemauer mehrere Faxgeräte gibt, wo die Klagen der ganzen Welt ankommen. Menschen schicken ihr Fax mit ihrer Klage, es wird aus dem Gerät genommen, zusammengefaltet, in die Ritzen der Mauer gesteckt und diejenigen, die das Fax abgeschickt haben – aus USA, Brasilien, Frankreich oder Australien – stehen in dem Moment und klagen daheim laut mit all ihren Gebärden und dem ganzen Körper. Schier unglaublich? Aber – das ist eine uralte, jahrtausendelang geübte Lebensbewältigungspraxis. Diese Menschen praktizieren Krisenintervention, einige für den Weg aus einer Lebenskrise ganz wesentliche Schritte – altbewährt.

Impuls Wie können Sie es üben, dieses »Recht zur Klage«? Welche Möglichkeiten können Sie nutzen? Besonders wichtig dabei ist, das Klagen nicht nur in sich drin grübelnd, leise als ständige Schallplatte laufen zu haben, sondern es wirklich auf unterschiedlichste Weise auszudrücken: vielleicht im Gespräch, mit verständnisvollen Freunden, Familienangehörigen oder Fachkräften der Seelsorge oder Psychotherapie, in einem Telefonat. Oder ins Tagebuch schreiben. Manche können es künstlerisch ausdrücken im Malen, am Klavier, mit Gitarre oder Schlagzeug. Oder tonen: Die Gefühle da hinein ausdrücken, ins Kneten, ins Formen. Jedenfalls irgendetwas tun, um es »hinauszudrücken«, sonst vergiftet es uns innerlich.[12]

Auch Rituale können helfen: etwas tun, um mit der bedrängenden Situation besser umgehen und damit fertig werden zu können. Konkretes tun im Handeln, seinen Schmerz und die Untröstlichkeit zeigen, die Verzweiflung oder auch die Liebe.

Die heilsame Wut

Aber ich kann aus der Klage des Elia auch Vorhaltungen und Vorwürfe heraushören, die er hier dem Leben, dem Schicksal, »Gott« macht – ein Stück auch den Ausdruck von Wut, im Sinne von: »Ich bin es leid, ich habe es satt, wo bist du, Gott?!« Aufbegehren und auch die Enttäuschungs-Wut artikulieren! »Jetzt reicht's« zu sagen, kann auch von Zorn und Enttäuschung durchdrungen sein. Eine durchaus notwendige Ergänzung auf der Gefühlsskala und im Verhalten zeigt sich darin, dass oft hinter der Klage und Depression eines Menschen sehr vitale Gefühle wie zum Beispiel Wut oder Aggression stehen.

Not-wendende Gefühle

In der Gestalttherapie wie auch in den verschiedenen Richtungen der Psychoanalyse und Tiefenpsychologie rechnet man sehr oft mit der »Rückseite« oder »Kehrseite« eines Gefühls, das im Bewusstsein gefühlt oder nach außen gezeigt wird. Und diese Rückseite ist oftmals das genaue Gegenteil der Vorderseite, vielleicht gar eine »Verkehrung ins Gegenteil« ursprünglicher Gefühle: Hinter Ohnmachtsgefühlen können oft Allmachtswünsche stehen, hinter Angst die Lust oder – wie bei Elia – hinter einer Depression auch ein gut Teil Aggression – wie zwei Seiten einer Münze. Darum ermutigte Fritz Pearls oft seine Patienten: »Versuche doch mal das Gegenteil! Oder sag nicht: Ich kann nicht, sondern Ich will nicht.« Oder er achtete sehr auf die Körpersprache, ob jemand im Klagen und Weinen und Betrauern einer Situation beispielsweise eine Faust ballt. Und dann die Frage: Wenn die Faust Worte hätte, was würde sie wohl sagen?

Impuls Eine oft heilsame Übung für Sie im Umgang mit sich selbst oder miteinander ist es, nach dem Gegenteil zu fahnden. Kann das Gegenteil auch wahr sein? Dass ich zwar total wütend und aufgebracht bin – einerseits – , aber vielleicht zugleich auch traurig – andererseits. Und umgekehrt! Oft ergänzen sich Wut und Trauer, Depression und Aggression zu einem inneren Ganzen. Kennen Sie so etwas?

Wir sprechen hier von einem ganz großen Schritt – bei Elia und bei uns selbst –, heraus aus der reinen Opferrolle, jenseits von Passivität und Verbitterung: bislang unterdrückten Ärger zulassen und sich so innerlich auch aktiven Gestaltungskräften zuwenden, die bisher gelähmt waren. Ich erinnere mich zum Beispiel an eine Gruppentherapie-Sitzung vor Jahren, in der ein Mann über die permanente Unterdrückung im frommen Elternhaus klagte, bedrückt dasaß und weinte. Dann »inszenierten« etliche Teilnehmer/innen diese Unterdrückung körperlich, drückten ihn nach unten und hielten ihn klein – und er ertrug dies atemberaubend lange. Er klagte zwar, wie ihm das die Luft nähme, er ins Schwitzen käme, bis er – endlich! – den Aufstand wagte und sich aufbäumte und wehrte und einen für ihn selbst überraschenden Zugang zu seiner Kraft und seiner Wut und seinem Durchsetzungswillen fand: Eine große Erlösung, zugleich aber erst der Anfang eines Befreiungsweges, wo er zwar die Vision eines souveränen, freien Lebens erschmecken konnte, aber in seiner Therapie noch lange damit zu tun hatte, durch bewusstes Aufarbeiten, Betrauern und Bewüten vieler schmerzhafter Erfahrungen und dann aber auch durch konkrete neue Verhaltensschritte, bis die »neue Freiheit« auch erfahrbare Wirklichkeit für ihn wurde.

So können wir oft von einem Seelenzustand auf die verborgene Existenz auch des dazugehörigen komplementären Gefühls schließen. »In Gegensätzen bin ich ganz« hieße ein entsprechender Grund-Lebens-Satz.

Impuls Nehmen Sie das einmal als Leitsatz in eine Atemmeditation hinein: Einatmend sagen Sie zu sich »ich bin«, ausatmend »in Gegensätzen ganz« oder »in Widersprüchen ganz und heil«.

Auch die eigene Kehrseite anzusehen, zu erspüren und auch diese auszudrücken wagen, ist ein ganz wesentlicher Schritt zu seelischem Frieden, zu innerer Heilung, zum Weg aus einer Krise und zu unserer Ganzwerdung. Dafür ist es wichtig, den Mut zu finden, sich wirklich so zu zeigen und zu artikulieren, wie es ist und wie es stimmt: Not, Enttäuschung, Verzweiflung, Klage und Wut vernehmbar und deutlich laut werden zu lassen. Wenn Elia das nun aber in den Satz »es ist genug« fasst, kann ich darin noch etwas anderes sehen.

Grenzen ziehen: Genug

Können Sie »genug« sagen? Wenn jemand beispielsweise mit Aufträgen zu Ihnen kommt, mit Bitten und Anliegen? Wenn Vorwürfe auf Sie niederprasseln in einem Konfliktgespräch. Wenn Sie sich immer neuen Projekten und Ideen öffnen und ihnen Zeit und Raum schenken möchten. Wenn Freunde Ihren Rat brauchen und Sie um Hilfe bitten – dann zu sagen:

»So viel gerne – aber mehr ist nicht drin.« Können Sie das? Können Sie sagen: »Nun ist's genug«?

So fällt mir beispielsweise immer wieder auf, wie sich meine Partnerin beim Essen relativ bald zurücklehnt mit einem zufriedenen »Genug«. Sie ist gesättigt, glücklich und zieht nun die Grenze. Mit selber fällt das schwerer ...

Wir brauchen ein gesundes »Genug« Genussmitteln gegenüber, Menschen, Ideen, der Arbeit und ihren Zwängen gegenüber, ebenso wie oft auch quälenden, sorgenvollen Gedanken: »Jetzt ist genug gegrübelt.« Manche praktizieren das als Übung, indem Sie zu sich selber (und zum anderen) ganz bewusst STOPP sagen.

Impuls Probieren Sie es einmal aus: Zu quälenden Gedanken und Erinnerungen, wie auch zu Menschen zu sagen: »Moment, jetzt ist es mal genug. Jetzt ist Pause.« Oder einfach »STOPP«. Was bei Kindern oder beispielsweise auch Haustieren selbstverständlich und nötig ist, nämlich klare Grenzen zu zeigen und zu setzen, gilt auch für manche Beziehungen und im Umgang mit eigenen Seelenanteilen![13]

Elia sagt es zu Gott, aber zugleich und vor allem – denke ich – muss man es zu sich selbst sagen können: Genug! Jedoch gerade solchen Menschen, die sich durch ihr Überengagement, ihre stetige Hilfsbereitschaft und ihren Einsatz für andere Menschen, für soziale Institutionen und Organisationen ausgebrannt und erschöpft fühlen, fällt das oft besonders schwer. Waltraud G. sagt zum Beispiel: »Das traue ich mich nie. Denn es geht ja immer noch mehr. Irgendein paar Kräfte kann ich im Zweifelsfall ja immer noch mobilisieren – auch wenn es auf meine eigenen Kosten geht ...« Und dabei wäre aber Grenzen setzen auch »genug« sagen. Oder Brigitte erklärt, sie sei von dem Gedanken durchdrungen:

»Im Ruhestand darf man nicht erschöpft sein.« Und gerade das macht ihr dann, selbst jetzt an ihrem Lebensabend, das Nein-Sagen so schwer. Aber nicht nur Frauen, auch viele Männer haben Schwierigkeiten damit. Umso wichtiger, gerade für Erschöpfte und Ausgebrannte, ja nicht länger zu warten, sondern jetzt damit anzufangen, es zu üben und zu lernen!

Nüchterne Selbsterkenntnis

Wenn bei Elia dann (Vers 4) zu der Klage »Es ist genug, Herr! Nimm nun mein Leben hin, lass mich sterben, denn ich bin ja auch nicht besser als meine Vorfahren« die Einsicht hinzukommt: Ich bin ja auch nicht besser, ich bin ja auch nicht anders, dann markiert das vielleicht ebenfalls einen ganz wichtigen Schritt der Erneuerung, Selbsterfahrung und Selbsterkenntnis. Vielleicht ist, was Elia hier formuliert, Ausdruck einer großen heilsamen Des-Illusionierung. Er konstatiert: Ich bin ja gar nicht so viel anders als die anderen, ich bin ja auch nicht besser, ich bin auch nur einer von ihnen – und steigt damit vielleicht herab von einem hohen Ross, auf dem er früher gesessen haben mag. Zeigt dies vielleicht, dass er den Weg der Macht, der Besser-Glauberei und Besser-Wisserei verlässt? Und weil er es satt hat, dauernd nur »einsame Spitze« zu sein, ordnet er sich nun ein in die Reihe der »ganz normalen Menschen«. Ich bin nicht besser, bin nicht anders, bin nicht edler als all die anderen. So nimmt er auch auf diese Weise seine Begrenztheit an, seine wirkliche Lebensrealität wahr, wohl auch in ihrer Fehlerhaftigkeit.

Und damit löst sich eine Spannung, die nach der Hochspannung des Dauereinsatzes, höchster Ansprüche an sich selbst ungeheuer heilsam wirken kann: Ent-spannung tritt ein. Neue Einsicht: Ich bin ein ganz gewöhnlicher, einfacher, hinfälliger, endlicher, auch fehlerhafter Mensch, gar nicht nur »edel, hilfreich und gut«.

Impuls Meditieren und besprechen Sie doch auch einmal mit anderen jene heilsame Anekdote, die über Blaise Pascal berichtet wird: Er habe in seiner einen Hosentasche einen Zettel getragen mit der Aufschrift: »Du bist ein einzigartiger Mensch und nur wegen dir wurde die Welt erschaffen« und in der anderen Hosentasche einen Zettel mit der Aufschrift: »Du bist nur Staub und Asche und ein Wurm«.[14] Ja, so ist das – und beides ist wahr. Darin liegt er wieder, dieser wohltuend entspannende Gedanke über unsere Grundwahrheit: Ich bin in Gegensätzen ganz.

Kann es sein, dass Elia dadurch nun Gelöstheit findet, Gelassenheit und Entspannung, wie im Folgenden berichtet wird? Vielleicht ist ja das eben Beschriebene über die Bedeutung des Ausdrückens und Laut-werden-Lassens von Klage und Wut, Enttäuschung und der Einsicht in eigene Grenzen, auch Selbsterkenntnis und Desillusionierung eine wichtige Vorstufe der Erholung vor dem Schlafen, vor dem Zur-Ruhe-Kommen. Das heißt dann, wir brauchen Rituale, um die Seele zu reinigen – wie Körperhygiene, so auch Geistes- und Seelenhygiene: vor dem Schlafen Quälendes ausdrücken und ablegen, sich auch die Einsicht erlauben, eingestehen und auch zugestehen, wer und wie ich wirklich bin – und dass ich vielleicht auch nicht viel anders und nicht viel besser bin als manche andere ... Dann ist auch erholsamer, nährender und tiefer Schlaf möglich.

Jedenfalls: Nur so kann es eine Wende geben, solche Rituale können eine Grundlage von Wandlung sein. So kann auch uns geschehen, was damals Elia erfahren hat, dass er offenbar Ruhe und Frieden fand nach dieser Praxis des Klagens. Denn im Anschluss daran heißt es, er habe sich umgedreht und habe geschlafen.

Schlafen und Entspannung

Nach dem Laufen und Rennen, dem körperlichen Tun und dem Klagen, dem Ausdrücken seiner Not ist nun der Weg frei für Gelöstheit, Zur-Ruhe-Kommen, für Entspannung: Elia schlief ein (Vers 5). Schlafen, nichts mehr tun, und sich das dann auch genehmigen. »Ich bin so unendlich müde, fühle mich so bleischwer. Ich möchte eigentlich nur noch schlafen.« Kennen Sie solche Sätze? Und können Sie sich das dann auch genehmigen in solchen Situationen? Es ist einfach wichtig! Und wunderbar, wenn man es dann auch kann. Denn manchmal ist es ja auch so, dass man gerade, wenn man sie besonders bräuchte, gar keine Ruhe findet.

Es ist in der Tat immer ein Glück, wenn Sie in solchen Situationen auch tatsächlich schlafen können. Vielen geht es ja so, dass sie in der Aufregung und in der Erschöpfung sich so aufgewühlt und »aufgedreht« fühlen, dass sie dann sehr wohl gerne tief und kraftspendend schlafen möchten, aber gerade das dann gar nicht mehr können. Gut also, wenn man sich Erholung und Nahrung für den Organismus und das Nervensystem holen kann durch das Hineingehen in diesen tiefen Entspannungszustand, wo man nichts mehr tun muss, auch nichts mehr tun kann, sondern einfach gelöst sein und entschweben kann.

Nachzuhelfen, etwa durch Tabletten, kann übrigens tückisch sein; nicht nur wegen der Gewöhnungsgefahr und der drohenden Abhängigkeit von solchen Mitteln, sondern auch, weil vielfach Schlaf- und Beruhigungsmittel die für die seelische Erholung so nötigen Traumphasen während des Schlafens unterdrücken. Dies haben Forscher festgestellt. Und das Träumen ist ein ganz wesentlicher Vorgang in unserer Seele, um Tagesreste noch einmal zu vergegenwärtigen, zu ordnen und zu sortieren, um Unverdautes und Konflikthaftes zu bearbeiten und möglicherweise uns auch bewusst zu machen durch die Arbeit mit unseren Träumen und uns damit zu helfen, unser Leben zu verändern.[15]

Hilfen zum Einschlafen

Impuls Welche Methoden der Schlafanbahnung kennen und praktizieren Sie denn selbst? Einen Spaziergang machen, heiße Milch mit Honig trinken oder ein Glas Wein? Eine warme Dusche oder ein Bad nehmen, vielleicht mit einem entspannenden und ölhaltigen Zusatz? Was noch? Sprechen Sie ruhig auch mit anderen darüber, im Bekannten- und Freundeskreis, denn viele haben Probleme in diesem Bereich – und so bleiben Sie nicht allein damit.

Bei meinen verschiedenen Aufenthalten in Indien, Nepal und im Himalaja lernte ich von den Menschen dort, mit welcher Selbstverständlichkeit sie sagen: »Die Menschen sind alle verschieden.« Daher müssen auch geeignete Unterstützungs- und Hilfswege bei Problemen und Schwierigkeiten von Mensch zu Mensch variieren können und unterschiedlich sein! Man muss also für sich selbst herausfinden, was zu einem passt, wozu man leicht Zugang bekommt, was angesichts der eigenen Persönlichkeit und Prägung für einen selbst am wirkungsvollsten ist. Ganz individuell, ganz personal, auf die eigene Struktur, Vorgeschichte und die Umstände bezogen. (Das gilt übrigens für *alle* Ideen, Angebote und Anregungen in diesem Buch!) Im Folgenden liste ich Ihnen eine Reihe hilfreicher Methoden zum Entspannen, Kraft-Schöpfen oder auch zur Schlafanbahnung auf.

Übersicht über verschiedene Revitalisierungs-, Stressbewältigungs- und Entspannungs-Methoden

- *Autogenes Training:* Sehr verbreitet, medizinisch gut erforscht, eher kognitiv-rational, gedankliche Konzentrationsfähigkeit voraussetzend. Bezieht den ganzen Körper ein.
- *Progressive Muskelentspannung nach Jacobson:* Sehr konkret, aktiv, hilft bei großer Gedankenflut, leicht zugänglich: Man kann etwas tun.
- *Positives Denken/Arbeit mit Affirmationen:* Sehr wirkungsvoll zur positiven Selbst- und Neuprogrammierung. Setzt die Fähigkeit zur Entspannung, Konzentration und Selbsthypnose voraus.
- *Atementspannung:* Gute Entspannungsmöglichkeit. Hinführung zur Selbsthypnose und in den entspannten »Alphazustand«. Atmen ist Leben! Zugang zu Gefühlen und zu ganzheitlichem Leben kann dadurch geweckt und verstärkt werden. Uralte und bewährte Meditationstechnik.
- *Visualisierungsübungen/Imagination:* Sehr wirkungsvoll für Problemlösevorbereitung, Verhaltensänderung und Aktivierung innerer Heilkräfte. Einsatz auch in der psychosomatischen Therapie. Erfordert gute Übung der Fantasietätigkeit bzw. ist geeignet für Menschen, die eher visuell veranlagt sind und eine starke Vorstellungskraft besitzen. Auch die heilsame Wirkung von Farben wird zunehmend erforscht.

- *Konzentrationsübungen:* Konzentrationsgegenstand kann ein Wort, ein Bild, jeder Gegenstand, ein Klang oder ein Musikstück sein. Als Fokus der Konzentration eignet sich auch der Atem (siehe Atementspannung).
- *Musikmeditation:* Besonders die Adagios von klassischer Musik eignen sich, um einen Zustand guter Entspannung zu erreichen, verhelfen zu einem besseren Zugang zu den eigenen Quellen von Kreativität und Ideenkraft. Auch die Lernbereitschaft und -fähigkeit steigt beim Hören solcher Musik. (Beispiel »Superlearning« und der »Mozart-Effekt«). Für verschiedene Menschen eignen sich unterschiedliche Musikgattungen. Es gibt auch sehr geeignete spezielle Entspannungs- und Meditationsmusik.
- *Wahrnehmungsübung:* Alle Teile des Körpers ganz bewusst wahrnehmen, zum Beispiel unter dem Aspekt der Berührung. Mit Achtsamkeit jeden einzelnen Körperbereich wahrnehmen. In diesem Selbstkontakt sehr guter Zugang zu inneren Quellen von Kreativität, Problemlösung, neuer Kraft und Energie.
- *Lichtmeditation:* Vorstellung einer »Lichtdusche«, die alle Körperzellen erreicht und durchflutet, Entspannung, Gelöstheit, Gelassenheit und neue Kraft und neue Energie mitbringt. Sehr anschaulich, für viele gut zugänglich, setzt Vorstellungskraft voraus und fördert sie zugleich. Auch in der Meditationspraxis verschiedener Kulturen weltweit verbreitet.[16]
- *Meditation allgemein:* Meditation ist ein völlig natürlicher und neutraler Zustand: Eine uralte, interkulturell und weltweit verbreitete Praxis, die zu innerer Stabilität, Ruhe und Gelassenheit führt. In der ursprünglichen Form gegenstandslos, Konzentration nicht auf etwas Bestimmtes, sondern Zulassen der Leere bzw. all dessen, was kommt und was ist. Einzige Aufgabe: Achtsamer innerer Beobachter und Zeuge zu sein, der unbeteiligt und

doch liebevoll, freundlich alles wahrnimmt, was innerlich und äußerlich geschieht. Auch empirisch in der Wirksamkeit erforscht.

Impuls

1. Prüfen Sie bitte bei dieser Aufzählung von Entspannungsmethoden, welcher Weg der für Sie gangbare ist, um zur Ruhe finden zu können. Das kann in verschiedenen Lebensphasen, zu unterschiedlichen Zeiten oder Belastungssituationen variieren und sich ändern. Spüren Sie also bitte ganz achtsam und behutsam nach: Was könnte mir wohl jetzt in dieser Lage gut tun und bei mir hilfreich und wirksam sein?

2. Wie wäre es mit der Entwicklung eines Rituals, das die verschiedenen Schritte des Erholungsweges, wie wir sie bisher erarbeitet haben, miteinander kombiniert und noch den Gedanken der Freude und des Dankes ergänzt? Das geht so: Sie machen abends vor dem Schlafen einen kleinen Spaziergang – das ist der Aspekt der Bewegung. Dabei gehen Sie den Tagesablauf noch einmal für sich durch und überlegen: Wo gab es heute Grund zum Ärger, zur Klage, was ist misslungen? – Das nannten wir Schritt zwei. Genauso wichtig aber ist die folgende Frage: Wo hatte ich heute Freude, Vergnügen, was ging gut, wofür bin ich dankbar? Und auch das – ebenso sorgsam – am besten laut in Worte fassen!

Spirituelle Lehrer wie Ignatius von Loyola oder Theresa von Avila nannten dies »das Gebet« oder »die Übung der liebenden Aufmerksamkeit«, bei der Sie unbestechlich und gründlich, aber liebevoll allem Beachtung schenken und noch einmal anschauen, was heute war, um es dann endgültig loszulassen und zu verabschieden – sinken zu lassen in die Hände dessen, der »dieses Fallen unendlich sanft in seinen Händen hält« (Rilke). Und dann können Sie vielleicht wirklich in Ruhe schlafen!

Der Wert kleiner »heilsamer Unterbrechungen«

Die oben aufgezählten verschiedenen Entspannungs- und Meditationstechniken können uns dazu verhelfen, auch den Tag über zwischendurch kleine »Oasen der Stille« zu finden. Solche Übungen zum Entspannen und zum Loslassen befähigen uns dann, Ruhe und Erholung auch in kleinen »Häppchen« zu finden. Psychologen haben untersucht, dass zum Beispiel ein kleines »Nickerchen«, auch wenn es nur 10–15 Minuten sind und man dabei nicht schläft, sondern wenn nur die Gedanken im Tagtraum wegdriften, ebenso viel Erholungswert hat, wie eine ganze Stunde Schlaf. Man hat genauer untersucht und festgestellt, dass man, würde man beim Mittagsschlaf eine halbe oder eine ganze Stunde richtig schlafen, in eine Tiefe der Entspannung gerät, aus der man anschließend schlechter wieder herauskommt. Die Dauer soll nicht mehr als 15 Minuten betragen, damit man nicht in eine echte Tiefschlafphase kommt, die einen dann länger nicht wieder frisch werden lässt. Aufwachmethode: Albert Einstein nahm – so wird aus seiner Lebenspraxis berichtet – im entspannten Sitzen ein Buch in die Hand und dämmerte weg. Wenn er dann anfing, wirklich einzuschlafen, fiel ihm das Buch aus der Hand – wovon er sofort aufwachte. Pfortenbrüder in alten Klöstern sollen den Schlüsselbund dafür in die Hand genommen haben, heute nehmen Fernfahrer ihre Autoschlüssel als »Wecker« aus ihrem »Power-Napping«, wie man das in Neudeutsch-Englisch nennt.

Die Wirksamkeit solch kurzer Unterbrechungen und Ruhepausen ist übrigens sogar so profund erwiesen, dass es in Japan und China inzwischen Firmen gibt, die ihren Mitarbeiterinnen und Mitarbeitern Plätze einrichten, wo sie sich eigens dazu hinlegen können. Auch in Deutschland und Österreich soll es immer mehr Betriebe geben, die so etwas einrichten wollen. Denn es zeigt sich: Die Leistungskurve steigt, die Fehlerquote sinkt, die Betriebsatmosphäre und der Gesundheitszustand verbessern sich und die allgemeine Arbeitszufriedenheit steigt. Daher ist es so wichtig, auch gelegentlich kurzen Schlaf oder einen tiefen Entspannungszustand zu finden durch Methoden, mit denen man sich zur Ruhe bringen kann, um neue Kraft zu schöpfen. Schlaf und Entspannung ist nämlich nur scheinbar ein rein körperlicher Vorgang, aber dabei geschieht eine Regeneration für den ganzen Menschen.

Impuls Haben Sie bereits Erfahrung mit Entspannungs-CDs und -Kassetten? Wo entweder klassische oder moderne meditative und Entspannungsmusik hilfreiche Unterstützung bieten zum Loslassen, Leerwerden und Ruhefinden? Es gibt auch gesprochene Übungen, die einen begleiten auf dem Weg in die Tiefe, um wieder Kraft zu schöpfen und neu zu werden. Ein Beispiel dafür ist meine CD mit dem Titel »Ausgebrannt? Aufatmen – Kraft schöpfen – Neu werden – Heilungsmeditationen« mit dem begleitenden Anleitungs-Booklet (siehe Anmerkung[30]). Auch hierbei gilt das vorhin zu den verschiedenen Methoden Gesagte: Man muss das ausprobieren und für sich herausfinden, was zur jeweiligen Zeit am wohltuendsten und wirksamsten ist. Und es dann auch wirklich benutzen und regelmäßig anwenden und üben! Denn so etwas geht nicht von heute auf morgen ... Die Frage ist schließlich nicht nur: Wie kann ich Entspannung, Lösung und Erleichterung finden, gerade in angespannten Zeiten? Wie kann ich Ruhe finden, auch für meine Seele? Sondern es geht darum: Wie kann ich etwas praktizieren lernen für meinen Lebens- und Berufsalltag, damit ich auch in angespannten Situationen für eine kurze Zeit Ruhe finden und der natürlichen Stressreaktion des gesamten Organismus eine »Entspannungs-Reaktion« entgegensetzen kann, wie Herbert Benson das nannte.[17]

Dieses also war der dritte Schritt Elias in seiner Krise, um durch sie hindurch- und wieder herauszukommen: dass er Ruhe finden konnte – körperliche, seelische und geistige Ruhe. Der darauf folgende Schritt bringt etwas völlig Neues ins Spiel.

Begegnung und Berührung

Stellen Sie sich einmal vor: Mitten in der Wüste, weit und breit kein Mensch, hatte sich Elia in dieser völligen Einsamkeit irgendwo hingelegt und gedacht: Jetzt ist alles zu Ende und ich will auch nicht mehr. Hier ist sowieso keiner da und mir hilft ohnehin niemand. Und dann ist plötzlich doch jemand da. Diese Wüste ist nicht unbelebt: Es kommt zu einer Begegnung. Im Urtext ist von einem »Boten« die Rede, der zu ihm kommt, ihn berührt, anspricht und ihm schließlich zu essen und zu trinken gibt. Was in den deutschen Übersetzungen der Bibel gemeinhin mit »Engel« übersetzt ist, heißt einfach Bote, einer, der oder eine, die da kommt. Was das für eine/r ist, wird nicht näher ausgeführt. Und vielleicht ist es gut für Sie zu wissen, dass überall da, wo in den alten Geschichten das Wort »Engel« vorkommt, Sie dies einfach als »Bote« verstehen dürfen oder »Botin« oder »Botschaft«. Denn sonst stehen vielleicht einem tieferen Verstehen dieser Geschichten unsere Bilder, Vorstellungen und Fantasien im Weg, die das Wort »Engel« in uns weckt, und die womöglich eigene Neuerfahrungen sogar verhindern können.

Impuls Wie stellen Sie sich eigentlich Engel vor? Kennen Sie Bilder, figürliche Darstellungen der Kunstgeschichte? Wie haben Sie selbst als Kind darüber gedacht? Und welche Vorstellung verbinden Sie heute mit dem Wort Engel? Sprechen Sie ruhig auch einmal mit anderen darüber, in Gruppen oder im Freundeskreis.

Viele denken bei Engeln ja an überirdische Wesen, etwas Helles, an Flügel. Aus der Kunstgeschichte weiß ich, dass Engel bis zum 6. Jahrhundert in alten Darstellungen und Mosaiken immer als Menschen dargestellt wurden. Erst danach begann man in der Kunst, in Bildern, Engel mit Flügeln auszustatten. Lange waren es Persönlichkeiten, die dargestellt wurden wie Menschen. Erst ab dem 6. Jahrhundert hat sich dieses Bild gewandelt, haben sie Flügel bekommen, wurden sie pausbäckig und nett wie die Putten in den Barockkirchen – aber damit entrücken sie uns auch! Wenn wir es religionspsychologisch betrachten, wurden sie damit gewissermaßen herausgenommen aus dem Raum um uns, aus dem Alltagsrahmen, gewissermaßen uns »entrückt«, obwohl Engel ursprünglich oft einfach menschlich aussehende Boten waren. Und Bote kann vieles für mich werden im Leben ... Aber im Laufe der Kunstgeschichte wurden sie geflügelte himmlische Wesen, denen wir im Leben normalerweise nicht begegnen. Ursprünglich also war das anders.

Plötzlich und unerwartet eine Begegnung

Plötzlich also ist jemand da. Zu dieser überraschenden Begegnung möchte ich Ihnen etwas erzählen, was ich vor vielen Jahren erlebte, als ich mich für längere Zeit in Israel aufhielt. Wir waren zu einer größeren Expeditionstour im Sinai unterwegs und sind durch Gegenden gefahren, die total menschenverlassen und leer waren, von denen man wirklich wusste: Hier kann niemand leben. Ich als Betrachter jedenfalls habe mir gedacht: Das ist tote Landschaft hier. Obwohl ich auch staunte: Die Wüste ist ja ungeheuer schön mit den verschiedenartigen Felsen, den Bergen, den Tälern, der Weite, alles sehr reizvoll und wunderschön zum Anschauen, lebendig durch die Felsformationen und manchmal durch ganz besondere wüstenharte oder wüstengewohnte Gewächse, aber Menschen? Wir wähnten uns in völlig menschenleerem Gebiet. Irgendwo blieben wir dann stehen: Unsere Führerin beginnt zu erklären, was es da Wunderschönes zu sehen gibt, klärt uns auf über die Geologie und die Geschichte dieses Landes – und plötzlich tauchen schwarze Punkte auf am Horizont – ganz in der Ferne. Zunächst denkt man dann: Aha, du hast vielleicht nicht genug getrunken, denn in der Wüste muss man ständig trinken (sechs Liter am Tag!). Also schnell trinken, denn ich sehe schon schwarze Punkte. Aber nach einiger Zeit, es ist unheimlich heiß, die Luft flimmert: Die Punkte sind immer noch da – in Bewegung – und sie sind näher gekommen. Was ist jetzt los? Muss ich wieder etwas trinken, damit ich nicht austrockne? Aber allmählich denkst du nicht mehr: Du musst mehr trinken, sondern merkst: Da ist wirklich etwas. – Wenige Minuten später waren wir umringt von lauter Menschen. Schwarz gekleidet sind sie, diese Wüstenbewohner, und haben uns schöne Steine angeboten oder Bergkristalle – oder wollten ein bisschen an unserem Wohlstand teilhaben, Kulis oder Süßigkeiten von uns bekommen oder etwas verkaufen. Ich war sehr erstaunt und erinnere mich immer wieder daran: Da denkst du, in dieser menschenleeren Wüste wirklich mutterseelenallein zu sein. Und offenbar ist es so, dass man trotzdem ständig irgendwelche Menschen um sich hat. Selbst wenn für uns kein Mensch zu sehen war: *Wir* wurden gesehen. Denn schließlich müssen sie *uns* entdeckt haben und als wir stehen geblieben sind, sind sie neugierig hergekommen. So kann das also gehen.

Der Mann in unserer Geschichte ist auch unterwegs. Er sieht vielleicht ebenfalls keinen, aber *er* wird gesehen, *er* wird wahrgenommen. Er wähnt sich völlig allein, aber wenn da ein Fremder ist, der auch noch rennt, dann fällt das natürlich auf. So vielleicht können wir es uns vorstellen in der dortigen Umgebung: Mitten in der Wüste, in völliger Abgeschiedenheit und Einsamkeit – und da kommt plötzlich jemand daher.

Solch ein Bote also, wo auch immer er herkommt, ist plötzlich da. Dieser Bote berührt ihn als Erstes, spricht ihn an und sagt: »Steh auf und iss« (Vers 5 und 7). Wobei es eigentlich heißen könnte: »Iss und trink«, denn da stehen frisch gebackenes, wohl duftendes Brot und ein Krug mit Wasser. Die ganz elementaren Lebensmittel. Lebens-Mittel im buchstäblichen Sinn, für unsere elementaren Bedürfnisse: Berührung, Essen und Trinken, eine Ansprache und ein Zuspruch.

Ob es Elia in der damaligen Situation und in der dortigen Umgebung vielleicht ähnlich wie unserer Reisegruppe ergangen sein könnte? Dass etwas ihm zur Hilfe wurde, was wir damals in der Wüste als einen ganz »natürlichen« Prozess erlebten? Und kann das vielleicht gerade eine Suchspur sein für heutige »Engelserfahrungen«? Dass wir nicht immer nur nach Wunderhaftem und Überirdischem suchen, wenn wir an Engel denken, sondern zumindest *auch* an ganz alltägliche Erfahrungen?

Begleitung durch Engel als »gute Mächte« im Jahreskreis

Ganz plötzlich und unerwartet können sie auftauchen, wie aus einer anderen Welt – so haben wir gesehen. Martin Buber hat es so formuliert: »Einen Engel erkennt man immer erst dann, wenn er vorübergegangen ist.«[18] In der christlichen Tradition begegnen sie uns auch zu verschiedenen Etappen des Jahreskreises, im Feiern der Feste des Kirchenjahres. Der 25. März beispielsweise, Mariä Verkündigung, erinnert an solch eine Begegnungsgeschichte, als Maria hört, dass sie schwanger werden soll. Es wird von einem Gespräch erzählt, sogar von einem kleinen Streitgespräch, in dem sie sagt: Das kann ich mir überhaupt nicht vorstellen. Aber sie erfährt durch diese »Außenbegegnung« eine Hilfestellung, Klärung, Wegweisung, fast die Qualität von Lebensberatung, weil ihr deutlich wird, dass ihr Weg und ihr Schicksal einen Sinn hat, dass sie einen Auftrag hat. Ihr Mann Josef hat ebenfalls eine Begegnung, so wird erzählt. Bei ihm war es eine Begegnung im Traum. In der biblischen Welt spielen die Träume und unsere innere Bilderwelt eine viel größere Rolle als dann später in der Neuzeit und nach der Aufklärung. Eigentlich erst durch die Psychoanalyse sind die Träume vor gut 100 Jahren wieder in den Ruf gekommen, dass sie uns etwas Wertvolles zu sagen haben. Das war in biblischen Zeiten selbstverständlich, sodass man sehr sorgsam darauf geachtet hat. Josef also hat eine »Innenbegegnung«, durch die auch er Wegweisung und Klärung seiner Situation erfährt, sogar den Mut bekommt, in seinem Konflikt (er hatte Maria verlassen wollen) zu seiner Liebesbeziehung zu Maria zu stehen und bei ihr zu bleiben.

An Weihnachten sind sie Boten der Freude, als sie bei den Hirten draußen auftauchen: »Siehe, ich verkündige euch große Freude ...« Bei den Weisen, den Magiern aus dem Osten, erscheinen sie mit der Botschaft der Warnung und auch der Wegweisung, wie in der Folgezeit immer wieder bei Josef – als Aufforderung zur Flucht nach Ägypten und dann wieder von dort zurück – »Schutzengel« sozusagen ...

Aber auch die Qualität von Stärkung und Ermutigung können sie »verkörpern«, diese Boten, wie in der Geschichte vom Garten Getsemane, wo Jesus Schweres durchleidet, weil er merkt: Mein Leben ist bedroht; jetzt wird es ernst. Er hat große Angst gehabt und die alten Erzählungen verschweigen nicht, dass er anfing zu »zittern und zu zagen«, was auch wichtig ist zu erfahren! Das gehört zu unserem Leben. So wie bei unserem Begleiter Elia hier in Vers 3 ganz klar berichtet wird: Er geriet in Angst, er fürchtete sich. Die biblischen Schreiber machen kein Hehl daraus, dass auch wir Männer nicht immer nur stark sind, wie dieses Klischee oft vermittelt. Nein, da hat sich einer gefürchtet, war im Stress, läuft um sein Leben und hat einfach Angst um sich. Das ist ganz normal. Und in genau solch einer Angstsituation heißt es über Jesus: Ein Bote kam und stärkte ihn und »gab ihm (neue) Kraft« (Lukas 22,43). Botschaften und Begegnungen, die uns stärken, neuen Aufschwung geben, wieder Kraft verleihen, kennen Sie sicher auch!

Am Ostermorgen waren sie wieder da, die Engelsboten, und erklären: Jesus ist nicht da, ihr sucht ihn hier an der falschen Stelle, er ist nicht mehr in der Gruft und ist nicht mehr zu betrauern, sondern er lebt. Ihr könnt ihn erfahren, ihr könnt ihm begegnen! Hier ist auch der Aspekt von Freude, Zuspruch, Ermutigung. Eine Botschaft, die Menschen in ihrer Krise, Not und Ausweglosigkeit wieder auf den Weg bringt: Geht und schaut, dass ihr ihm begegnen könnt. Diese Lichtgestalten sind also auch Boten der Sendung, Boten eines Auftrags: weg von hier – geht hinaus, behaltet es nicht für euch! Und dann erscheinen sie noch einmal bei der Himmelfahrt, wo die Jünger dastehen und nach oben schauen, so wird es erzählt. Und wieder gibt es da Männer in weißen Kleidern und sie fragen: Was steht ihr da und schaut gen Himmel? Sie formulieren eine Korrektur der Blickrichtung: Geht jetzt nach Jerusalem und ihr werdet ausgerüstet, werdet erfüllt werden mit Kraft aus der Höhe. Innerlich neu werden, Kraft erfahren. Oder anders ausgedrückt: Geht jetzt nach Jerusalem und macht das, was er gesagt hat: Stille suchen, warten, euch einstellen darauf, dass ihr selbst mit Kraft durchströmt werdet, mit Gotteskraft innerlich ausgefüllt – das ist gemeint mit dem, was wir dann Heiliger Geist nennen ...

So begegnen uns also das ganze Jahr hindurch die Engelsboten. Am 29. September gibt es sogar einen speziellen Engel-Gedenktag: Michaelis. Michael als ein Erzengel, ein Prototyp der Engel. Dieser Tag erinnert uns an die uns immer umgebende andere Welt und die darin wirksamen »guten Mächte«, von denen wir »wunderbar geborgen« sind, wie Dietrich Bonhoeffer das in der Einzelhaft beschrieb.

Aus all diesen Geschichten, wie auch aus unserer Elia-Geschichte, erfahren wir, wie hilfreich es sein kann zu wissen, dass dann, wenn man zerschlagen ist, in einer großen Notlage, es sein kann, dass jemand kommt oder etwas kommt, was dich berührt, eine Begegnung mit einer Botin, einem Boten, mit jemandem oder etwas, das weiterhilft.

Impuls Überlegen Sie sich bitte einmal: Wo bin ich diesen oben beschriebenen Qualitäten im Leben schon begegnet – ganz unscheinbar vielleicht? Der Botschaft der Freude, Ermutigung oder Warnung, Wegweisung und Klärung, Zuspruch, Stärkung, Trost oder der Gewissheit eines Auftrags und einer Sendung. Waren das Begegnungen außen oder innen? War es ein Mensch oder eine Gefühlsqualität, die mich berührte? Ein Text, der mir begegnet, etwas, was ich zum Lesen bekomme, ein Brief, eine Melodie vielleicht, die mich aufrichtet und wo ich merke: Ei, jetzt bin ich wie ausgewechselt. Ich bin jetzt ganz anders. Oder geschah es Ihnen im Traum? Oder auf ganz andere, schwer beschreibbare Weise?

Engelsspuren in meinem Leben

Wie geht es Ihnen dabei, wenn Sie sich solche Gedanken machen und auf die Suche begeben nach »Engelsspuren« in Ihrem Leben? Besonders wichtig dabei ist, nicht nach dem besonders Wunderhaften zu schauen und zu fahnden, sondern das kleine, »scheinbar Unscheinbare« zu beachten, neu zu bewerten und gerade darin vielleicht Fingerzeige, Botschaften der Freude und Stärkung, Hilfe und Wegweisung, Warnung oder Ermutigung zu entdecken. Und vielleicht finden Sie ja den Mut, mit anderen darüber zu sprechen und sich auszutauschen über diese intimen Erfahrungen.

Es würde leider den Rahmen dieses Kapitels sprengen, jetzt hier anzufangen mit den Erfahrungen von Menschen unserer Zeit, in wie vielfältiger Weise sie die Hilfe, das Eingreifen und die Wirkung von Engeln und »guten Mächten« erleben. Bei meinen Seminaren, bei Vorträgen und Tagungen und in Einzelgesprächen therapeutischer oder seelsorgerlicher Art, berichten mir viele, wie ihnen ihre »innere Stimme« eine klare Innenweisung oder Warnung, wie ihnen Begegnungen am Tag oder im Traum neuen Mut und Orientierung in Krisensituationen gab. Ein Musikstück oder ein Telefonanruf kann das sein, ein Buch oder ein Gedicht, ein überraschendes Treffen oder ein völlig überraschender kreativer Ein-Fall, Erfahrungen, die neue Kraft, energische Frische, wieder Schwung und klare Richtung bringen: Die Boten Gottes, des Lebens, des Lichts und der Liebe haben tausend verschiedene Möglichkeiten. Ich selber habe sie auch schon erlebt, als Hilfe in aussichtsloser Situation in den verschneiten Schweizer Bergen oder als Problemlösung, plötzlich leicht und klar, buchstäblich wie »von links hinten« zu mir kommend, fühlbar und doch unbeschreiblich, oder als Mensch, der mir völlig unerwartet aus einer Finanzkrise half, oder gar als Hund, der meine Sachen verteidigte, als ich stundenlang im Indischen Ozean schwamm und eventuelle Gefahren für mein Gepäck völlig vergessen hatte.

Aber da gibt es auch noch die andere Möglichkeit: Einmal habe ich in der Osterzeit eine Frau angerufen. Ich wusste, es gibt etwas zu besprechen, was seit langem anstand, ich hatte es aber aufgeschoben und immer noch nicht getan. Ich rief also an und sie sagte zu mir: »Hans Gerhard, das ist wie ein

Wunder für mich, dass ausgerechnet du heute anrufst. Du bist jetzt für mich wie ein Engel. Denn heute ist zwar Sonntag, aber ich hatte einen ganz schrecklichen Tag und ich bin so versunken in vielen Tränentälern. Es quält mich nämlich Folgendes ...« Und sie konnte es mir erzählen und war überglücklich, sodass sie sagen konnte: »Du warst jetzt für mich wie ein Engel«, eben ein Bote. Ein Bote mit der Möglichkeit, sich anvertrauen zu können, ein Bote, der ein »Herz mit Ohren« hat.

Impuls

1. Kennen Sie so etwas auch? Dass jemand zu Ihnen sagte: Dich schickt mir der Himmel, oder etwas Ähnliches. Bitte scheuen Sie sich nicht, auch in dieser Richtung Ihre Erinnerungen zu befragen, ob Sie einmal gewürdigt wurden, von jemandem zu erfahren, dass die Begegnung mit Ihnen so etwas bewirkt hat.

2. Solche Erlebnisse ermutigen uns, auch »ganz irdisch« Engelserfahrungen zu formulieren. Was bedeutet dann für Ihre eigene spirituelle Suche der Hinweis durch die Engel in Apostelgeschichte 1, Vers 11: »Was steht ihr hier und schaut gen Himmel? Geht nach Jerusalem« – in den Alltag – und wartet, bereitet euch vor in der Stille, in Er-Wartung, in Ge-Duld? »Nicht nach oben wenden den suchenden Blick, sondern die Blickrichtung ändern: Das Wunder im Alltäglichen suchen – finden – erkennen«, so habe ich das einmal in einem Gedicht formuliert.[19]

3. Meditieren Sie bitte mit dieser Blickrichtung das Gedicht von Rudolf Otto Wiemer:[20]

Engel

Es müssen nicht Männer mit Flügeln sein,
    die Engel.
Sie gehen leise, sie müssen nicht schrein,
oft sind sie alt und hässlich und klein,
    die Engel.
Sie haben kein Schwert, kein weißes Gewand,
    die Engel.
Vielleicht ist einer, der gibt dir die Hand,
oder er wohnt neben dir, Wand an Wand,
    der Engel.
Dem Hungernden hat er das Brot gebracht,
    der Engel.
Dem Kranken hat er das Bett gemacht,
und er hört, wenn du ihn rufst, in der Nacht,
    der Engel.
Er steht im Weg und er sagt: Nein,
    der Engel.
Groß wie ein Pfahl und hart wie ein Stein –
es müssen nicht Männer mit Flügeln sein,
    die Engel.

Und doch bleibt bei alldem völlig offen, welche Energien und Kräfte, welche Wesen und Erlebnisdimensionen damit auch noch gemeint sind, wenn wir von Engeln als Boten sprechen. Denn es stimmt, was schon Shakespeare so formulierte: »Es gibt vieles zwischen Himmel und Erde, wovon sich unsere Menschenweisheit nichts träumen lässt.« Manchen begegnen diese Wirkkräfte auch als Heilengel im Traum, als Kreativengel, wie es etwa Marc Chagall berichtet, oder auch als Sterbeengel zur Begleitung auf dem letzten Weg. Daher stelle ich auch die folgende Frage:

Impuls Von welchen – vielleicht noch ganz anderen – Engelmächten, Energien oder Wesenheiten haben Sie schon gehört oder gar mit ihnen Erfahrungen gemacht? War das im Traum? Oder im Wachbewusstsein? Haben Sie Worte dafür? Oder war es so überwältigend, dass sie es kaum in Worte zu fassen vermögen? Kennen Sie andere Menschen, die von solchen Erlebnissen berührt wurden und zu berichten wissen? Wie ändert das Ihre Lebenseinstellung, Ihre Grundhaltung oder Ihr Vertrauen ins Leben, um solche Wirklichkeiten zu wissen?[21]

Zurück zu unserer Geschichte: Elia wird also von solch einer Wirklichkeit berührt und angesprochen.

Berührung als Urbedürfnis des Menschen

Begegnungen, die uns im Inneren berühren, können uns helfen, wenn wir ausgelaugt sind, »down«, erschöpft, mutlos, lust- und kraftlos »am Boden liegen«, buchstäblich oder im übertragenen Sinne.

Die verschiedenen bisher aufgeführten und im Folgenden noch zu entdeckenden helfenden Faktoren müssen nicht zwangsläufig in der hier beschriebenen Schritt-Reihenfolge auftauchen. Die Abfolge kann durchaus sehr verschieden sein. Wichtig ist wohl nur, die Bedeutung der verschiedenen Aspekte zu erkennen, wie sie uns in den bisherigen Schritten bereits begegnet sind und in den folgenden noch begegnen werden: Wir hatten zunächst die Beachtung des Bewegungsaspektes (Schritt 1), des seelischen Müll-Abladeprozesses und auch der Übung realistischer Selbsteinschätzung und des Zulassens aller Gefühle, auch von Wut, Aggression und Enttäuschung (Schritt 2). Dazu kommt die Bedeutung des Ruhebedürfnisses (Schritt 3) und dann des Kontaktaspektes, die Bedeutung von Begegnung – verbunden mit Berührung – (Schritt 4) und in den nächsten Schritten werden wir die Bedeutung der Ernährung beachten (Schritt 5), des Gesprächs, von Zuspruch und Ermutigung, Erinnerung an das, was uns gut tut, (Schritt 6), der Wichtigkeit von Distanzaufnahme und totalem Rückzug (Schritt 7 und 8), von Bilanz ziehen und Zielformulierung (Schritt 9), von Kritik am alten Wertesystem und Neuorientierung (Schritt 10), der erneuernden Wirkung der Übung der Stille (Schritt 11) und schließlich werden wir die Bedeutung von Wegen erkennen, in Zukunft immer neu Entlastung zu finden (Schritt 12).

Gut also, wenn Begegnung möglich wird – eine innere oder eine äußere –, die mich auch wirklich berührt und zu verwandeln vermag. Über Elia erfahren wir, dass dieser »Bote« zu ihm kam, ihn anrührte und zu ihm sprach: »Steh auf, iss!« Zweimal wird das sogar erzählt (Vers 5 und 7). Berührung kann beruhigen, zum Aufatmen verhelfen, Lebenskräfte wieder wecken, Wohlgefühl und Geborgenheit vermitteln. Natürlich meine ich jetzt tatsächlich nur willkommene und gern erlebte Berührung, nicht eine aufgedrängte oder aufgezwungene – das wäre gerade in solch einem Zustand von Erschöpfung und Ausgebranntsein besonders unangebracht.

Impuls

Wie ergeht es Ihnen beim Gedanken an Berührung? Kennen Sie solch stärkende, willkommene und energieschaffende Erfahrungen? In der Partnerschaft? Mit Freunden und Freundinnen? Oder als professionelle Massage oder als Erfahrung in Partnerübungen auf Seminaren und Kursen? Was löst Berührung bei Ihnen aus? Können Sie sich öffnen oder empfinden Sie sich vielleicht manchmal ganz zugemauert wegen schlimmer Vorerfahrungen? Dass nichts und niemand Sie mehr berühren darf und kann, weil Sie so verletzt und so verletzlich sind, dass Sie gar niemanden mehr an sich heranlassen können? Mit wem können Sie über solche Erfahrungen sprechen, damit Sie sie bearbeiten können und einen Weg zu einer tiefen inneren Heilung und neuem Frieden finden können? Und einen Zugang zu der stärkenden, helfenden und befreienden Wirkung von Berührung.

Mit diesem kleinen Wort »er berührte ihn« werden wir verwiesen auf unser Grundbedürfnis nach Berührung. Bei den neutestamentlichen Heilungsgeschichten habe ich darüber gestaunt und mich darüber gewundert, in wie vielen von ihnen es eine Rolle spielt, dass Jesus mit seinen Händen die Menschen berührt. Bei der Auferweckung der »Tochter des Jairus«, einer jungen Frau, die als »tot« dargestellt wird, heißt es: Er nahm sie bei der Hand, richtete sie auf, sagte dabei »junge Frau, steh auf« und anschließend »gebt ihr zu essen«.[22] Hier erleben wir bei Jesus genau dieselbe Spur: Er ist an unseren Bedürfnissen interessiert. Verglichen damit ist es ungeheuerlich, was in der Kirchengeschichte oftmals gepredigt, gelehrt und gelebt wurde an Ablehnung von Lust und Freude, Brandmarkung menschlicher Grundbedürfnisse: Nur allzu oft hat fatalerweise kirchliche Verkündigung die natürlichsten Regungen des Menschen als sündig verurteilt, die Urtriebe des Menschen verpönt, als sündhaft und als zu bekämpfen dargestellt und gebrandmarkt. Ganz anders die Ursprünge, ganz anders die alten Quellen! Da spielen unsere Bedürfnisse eine große Rolle, z.B. die Berührung.

So wie überall auf der Welt: Sie kennen das doch sicher, wie alle Mütter, nahezu alle Menschen, die einen anderen trösten, beruhigen oder stärken wollen, jene wortlose Sprache zu sprechen vermögen. Was tun sie, wenn jemand weint, wenn jemand Schmerzen hat, wenn Kinder klagen und Kranke jammern? Was hat Ihnen denn als Kind gut getan – und was wünschen Sie sich vielleicht noch heute? Es ist eine Sprache, die jede/r versteht: in den Arm nehmen, Hand drauflegen, wenn das Knie so wehtut, streicheln. Das sind Uräußerungen auch unseres Mitgefühls. Darin erleben wir das Mitgefühl des anderen. Gehalten werden. Berührung.

Aber Berührung geht auch über Blicke, auch über Worte, über etwas, was jemand sagt, das mich tief berührt und bewegt. Auch wenn da vielleicht niemand ist, der mir die Hand irgendwo hinlegt, der mich aber berührt, indem ich merke: Ach, du nimmst mich wahr oder: Dir geht es auch so wie mir, du lässt dich anrühren von meiner Not, meinem Leid, meinem Schmerz. Ach, da ist jemand wie eine Schwester oder wie ein Bruder für mich und lässt mich wissen: Das kenne ich auch und es berührt mich mit und ich bin da bei dir.

Oder es kann ein Text sein, ein Lied, ein Bibelwort oder ein Zitat aus dem reichen Schatz der Weltliteratur und der Weisheit der Völker. Oder eine Stille und ein tiefes Schweigen kann mich berühren. Oder eine Melodie, die Bereiche in mir anspricht, Erinnerungen und Gefühle wach ruft oder mich einfach berührt, begleitet und tröstet.

Impuls Wenn Sie jemand sind, dem Berührung gut tut gerade in Erschöpfungssituationen: Wie könnten Sie sich diese verschaffen? Ist es mehr die symbolisch-übertragene – wie zuletzt geschildert – oder die ganz körperlich fühlbare? Können Sie sie zärtlich, lustvoll und gelassen mit einem Partner oder einer Partnerin genießen und teilen? Haben Sie aber auch die Freiheit, sich die ersehnte, nötige Berührung ganz zärtlich und liebevoll selber zu geben, wenn in Ihrer Nähe niemand wäre, der Ihnen dafür geeignet erscheint? Besten Gewissens einfach sich selber streicheln, lieben und befriedigen? Oder die Berührung durch das Wasser genießen unter der Dusche oder bei einem Vollbad – möglichst noch mit wohltuenden und wohlriechenden Zusätzen. Oder ein Licht- und Luft- und Sonnenbad in einem geschützten Rahmen? Oder leicht bekleidet beim Wandern, Walken, Jogging oder Radfahren die zärtliche Berührung durch die Luft und durch den Wind genießen – ist Ihnen dies möglich? Oder liegt Ihnen mehr die Berührung durch heilende, entspannende oder klassische Musik, durch Lieder? Oder durch Bilder, Texte, Gedichte, Filme? Oder durch die Heilkraft der Natur, z.B. Sonnenauf- oder -untergänge? Welche Arten der Berührung vermissen, ersehnen, lieben und schätzen Sie besonders? Und was können Sie tun, um für sich im Leben genug nährende und stärkende Berührung zu ermöglichen? Vielleicht ja auch eine/n professionelle/n Masseur/in dafür aufsuchen, um für sich die notwendigen Berührungs- und Streicheleinheiten zu organisieren; sie gleichen einem Lebenselixier! Werden Sie also kreativ und suchen Sie Wege, um das elementare Urbedürfnis der Berührung genügend befriedigen zu können!

Essen und Trinken

Es ist natürlich wunderbar, wenn so etwas geschieht, dass man so rundum versorgt wird, wie es uns hier erzählt wird. Dieser Bote bringt Elia Essen und Trinken, berührt ihn und spricht ihn an: »Steh auf und iss!« Ich denke, man kann guten Gewissens ergänzen »iss und trink«, denn es steht schließlich etwas zum Essen *und* zum Trinken da. Als Elia aufwacht, sich umdreht, entdeckt er in Kopfhöhe einen Krug mit Wasser und frisch gebackenes Brot. Man kann sich den guten, appetitanregenden Duft lebhaft vorstellen! Essen und Trinken sind eben auch wichtig zur Krisenbewältigung! Ganz elementar: Nur nicht das ganz Alltägliche vernachlässigen! Im Stress, unter Schock oder bei großem Kummer vergisst man es manchmal – oder aber man tut es zu viel.

Impuls Wie gut kennen Sie sich denn selbst? Sind Sie eine »Stressesserin« oder ein »Stressesser«? Also jemand, der bei Anspannung und unter Druck und wenn alles zu viel wird eher viel in sich hineinstopft und hineintrinkt? Oder gerade das Gegenteil, dass Ihnen nämlich gar nichts mehr schmeckt und Sie wegen dem Kloß im Hals und dem Weh im Bauch gar nichts mehr »hinunterkriegen«? Beides sind Extreme, die uns wahrscheinlich auf Dauer nicht gut tun. Wir werden einen Mittelweg zu suchen haben.

Auffallend ist es schon, dass das, was Elia hier bekommt, die Grundnahrungsmittel sind. Brot und Wasser. Es ist ein großes eigenes Thema: »Ernährung und Stress«. Und es ist sicher wichtig, sich darüber klar zu werden, wie man selbst damit umgeht.

Impuls

1. Nehme ich, wenn ich in Stresszeiten bin, womöglich auch noch Nahrungsmittel auf, die meinen Organismus und meinen Körper noch mehr »stressen«? Wenn es z.B. schwere Nahrung ist oder wenn es sehr viele Zuckerprodukte sind, bei deren Verarbeitung eigentlich die wertvollen Nervenvitamine, viele B-Vitamine und Mineralien verbraucht werden, um den Zucker abzubauen und zu verdauen. Füge ich mir durch die Art und Weise meines Essens und Trinkens dann manchmal vielleicht sogar etwas Ungutes selber zu – hinzu zu dem ohnehin bestehenden Ungemach? Auch Alkohol oder Koffein sind eigentlich Giftstoffe für den Körper, die ihn stressen und ihm gar nicht wirklich gut tun auf lange Sicht hin betrachtet. Obwohl wir ja oft den Eindruck haben, das bräuchten wir jetzt – kennen Sie das? Also auch hier mit achtsamem, wachsamem Blick: Was nehme ich denn zu mir? Wie ernähre ich mich eigentlich? Und was brauche ich wirklich?

2. Vielleicht ist es auch gar nicht so schlecht, sich manchmal zu reduzieren auf die Grundelemente von Ernährung.[23] Eine Zeit lang einmal nur ganz wenig zu sich zu nehmen, wie es verschiedene Schulen des Heilfastens propagieren und es auch in allen Religionen und Kulturen durch die Jahrhunderte und Jahrtausende praktiziert wird für bestimmte Perioden des Jahres.[24]

3. Vielleicht fallen Ihnen auch Assoziationen aus der christlichen Tradition ein, wo vom »Wasser des Lebens« und vom »Brot des Lebens« die Rede ist? Anklänge an das, was in den Kirchen als »Heiliges Abendmahl« oder als »Kommunion und Eucharistie« gefeiert wird. Da ist dann aus Wasser Wein geworden ... Und Brot und Wein gehören dazu, wenn wir Gemeinschaft feiern miteinan-

der und die Vereinigung mit der Quelle und dem Ursprung des Lebens. Auch das ist ursprünglich ein Ritual zur Stärkung unseres Lebens, zur Versöhnung mit uns selbst und Gott, zu immer neuem Aufbruch und Neuanfang. Wir müssten es nur wieder neu, froh und fröhlich und frei zu feiern lernen!

Ein stärkender Rahmen

Wichtig ist vielleicht neben der grundsätzlichen Bedeutung und Beachtung der Notwendigkeit von Essen und Trinken, der soeben bedachten Beachtung der Einfachheit der Ernährung und dem Bezug auf die Grundnahrungsmittel auch der Rahmen, in dem das Essen und Trinken stattfindet. Hier in unserer Geschichte ist das Essen und Trinken verbunden mit Kontakt, mit jener überraschenden und stärkenden Begegnung mit einem »Boten« oder einer »Botin«, mit Berührung, heilsamer, stärkender und zärtlicher Berührung und mit Gespräch, Zuspruch und Aufmunterung. Das ist ein völlig anderer Rahmen als schnell an der Imbissbude im Vorbeigehen etwas zu sich zu nehmen, als im Auto oder im Zug hastig etwas hineinzustopfen – oder ausgelaugt und erledigt am Abend, einsam vor dem Fernseher sitzend, überflüssige Kalorien aufzunehmen und vielleicht sogar zu viel zu trinken an alkoholischen Getränken, statt sie sich bewusst zu gönnen und in Ruhe zu genießen. Schauen Sie doch bitte einmal bei sich selber nach, was Sie selbst brauchen und wie Sie es am besten gestalten können.

Impuls 1. Wie stärkt Sie Essen und Trinken am besten? Vielleicht als Fest, als Auszeit, als Fixpunkt für die Beziehung, in der Sie leben, oder für die Woche? Darum heißen »Feste« so, weil es »feste Zeiten« sind, auf die man sich freuen kann, auf die man sich innerlich einstellt und einstimmt, auf die man hinleben kann wie auf eine Tankstelle, auf eine Oase vielleicht in der Wüste, auf einen verlässlichen Anker im Strudel der Zeit. Brauchen Sie vielleicht solche Gelegenheiten von Essen und Trinken in einem heilsamen Rahmen für sich als Jour fixe? Für Sitzungen, Verhandlungen, Geschäftsbeziehungen oder berufliche Angelegenheiten wie auch für Familienfeste, den Sport oder den Arzt haben und vereinbaren wir doch auch feste Termine. Und das braucht unser Körper und unsere Seele ebenso! Wie wäre es, das (wieder) bewusster in Ihr Leben einzubauen?

2. Achten Sie bereits auf die Vollwertigkeit Ihrer Nahrung? Und darauf, nicht zu viel Fett und Zucker, Schadstoffe und Gifte aufzunehmen, sondern sich eiweißarm mit einer »mediterranen Mischkost« zu ernähren, bei der Sie auch mehrmals am Tag genügend Obst, Gemüse und Salat zu sich nehmen? Bedenken Sie auch, dass die Nahrungsmittel möglichst frisch sein sollten und möglichst naturgemäß angebaut, weil, da unsere Böden weithin ausgelaugt sind, in den Nahrungsmitteln heute oft weniger Vitamine, Mineralien und Spurenelemente enthalten sind als beispielsweise noch vor 20 Jahren – wie manche Forschungsergebnisse besagen. Vielleicht bedenken Sie auch noch mit, dass der weitverbreitete Gebrauch von Pestiziden, Insektiziden, Spritz- und Düngemitteln bei unsachgemäßer Anwendung für unseren Körper neuen Stress verursachen und die Gesundheit schädigen könnte? Welche Konsequenzen ziehen Sie aus solchen Erkenntnissen und Gedanken für Ihre Ernährungspraxis?

3. Fragen Sie sich doch einmal behutsam und sorgsam: Welche Bedeutung haben Essen und Trinken für mich grundsätzlich? Vergesse ich das manchmal in schwierigen Situationen oder übertreibe ich es dann besonders leicht? Fühle ich mich zu dick, zu schwer und unbeweglich, leide eventuell sogar unter meiner Figur? Wie sehen das andere und was könnte mir helfen? Leide ich eventuell sogar an

ernährungsbedingten oder –bezogenen Krankheiten? Was will und was kann ich an meinen Ernährungsgewohnheiten verändern? Woher bekomme ich Hilfe und Unterstützung für eine Veränderung?

4. Vergessen Sie bitte vor allem den Aspekt der Freude nicht bei diesem Thema. Denn es gibt so viele Ernährungsrichtlinien, Forschungsergebnisse und unterschiedliche Gewohnheiten und Einstellungen gerade im Ernährungsbereich, dass es zwischen verschiedenen Überzeugungen fast zu so etwas wie »Religionskriegen« kommt, bei denen jede Richtung häufig nahezu autoritär, fanatisch und dogmatisch wird und unbedingt Recht behalten will – und dabei gerät womöglich aus dem Blick, dass es sich beim Essen und beim Trinken doch um ganz wesentliche Lust- und Freudenquellen handelt, die uns nicht durch ein Übermaß an Regeln, Kalorienzählen, Verboten oder Reglementierungen vergällt werden dürfen.

5. Welche Rolle spielen Gifte in dem, was ich zu mir nehme? Koffein, Nikotin, Tabletten, Alkohol? Oder kenne ich den Zusammenhang und Wechsel von Aufputsch- und Beruhigungsmitteln gerade als Vorgeschichte meiner eigenen Erschöpfung? Denn besonders Menschen, die unter Burn-out, chronischer Müdigkeit oder dem Erschöpfungssyndrom leiden, sind anfälliger für die Gefahr, zu solchen Mitteln zu greifen und sie gar zu missbrauchen als andere. Wenn ich innendrin ganz ehrlich bin mit mir: Was zeigt sich da? Erliege ich manchmal der Versuchung eines »zu viel«? Was habe ich dagegen schon unternommen? Was könnte helfen? Wem werde ich mich anvertrauen, um mit diesem Problem nicht alleine zu bleiben? Gerade dafür sind Begegnung, Kontakt und Gespräch wichtig – gegebenenfalls auch eine Psychotherapie.

Nahrung für den ganzen Menschen

Die Bedeutung von Ernährung haben wir nun ganz wörtlich und konkret betrachtet: das, was wir essen und trinken, welche Stoffe wir dabei zu uns nehmen, wie oft und wie viel wir es tun, in welcher Umgebung, unter welchen Rahmenbedingungen und wie es uns am besten stärkt oder welche Gefahren möglicherweise in diesem Bereich für unsere Gesundheit lauern. Im Folgenden wollen wir aber »Essen und Trinken« auch einmal im symbolischen und übertragenen Sinne betrachten, ausgehend von der »Ganzheitlichkeit« des Menschen. Während meiner Studienzeit in Amerika lag mir sehr daran, besonders viel von der Weisheit, den Lebenserfahrungen und Prinzipien der Indianer dort zu erfahren und zu lernen. So suchte ich möglichst viel Kontakt zu dort lebenden Indianern, besuchte Vorträge, Seminare und Workshops und konnte dabei sehr viel von verschiedenen Medizinleuten lernen. Durch Brooke Medicine Eagle, eine indianische Medizinfrau, erfuhr ich, dass Indianer den Menschen als eine Einheit aus vier Elementen betrachten: aus Körper, Seele, Geist und »Herz«. Die ersten drei Elemente sind uns ja durch die griechische Philosophie und deren Übernahme im Christentum sehr vertraut, indem wir den Menschen griechisch-christlich als Einheit von Leib, Seele und Geist betrachten – wobei wir den Geist meist in doppelter Hinsicht zu verstehen versuchen, nämlich als die intellektuell-geistigen Fähigkeiten und als unsere spirituell-geistliche Seite. Im Judentum und im Grundverständnis der hebräischen Bibel wird der Mensch allerdings immer als eine grundsätzliche Ganzheit und Einheit betrachtet, ohne dass diese eben genannten Facetten voneinander getrennt beschrieben werden.

Im indianischen Denken jener Medizinfrau nun werden beide Sichtweisen verbunden und der Mensch durchaus als eine untrennbare Einheit verschiedener Elemente verstanden. Wenn aber von verschiedenen Aspekten die Rede ist – so lernte ich es von ihr –, so fügen Indianer noch ein viertes Element hinzu: das »Herz«. Und Herz meint dabei die Dimension der Beziehung, der Beziehung zu mir selbst, zu meiner eigenen Befindlichkeit und Lebensgeschichte, zu meinen Liebsten im Familienverband, zu den Menschen im Freundes- und Bekanntenkreis, zu all den anderen Menschen, Völkern und Religionen, aber ebenso unsere Verbundenheit und Beziehung zur Natur, zu den »zweiflügligen und vierfüßigen Leuten«, also den Tieren, ebenso wie zu den Pflanzen, zu unserer Umwelt und unserer Mitwelt, und zum Kosmos als Ganzem, zu Gott, zum Sinn, Ursprung und zur Quelle des Lebens überhaupt. Dieses ganze Beziehungsgeflecht ist im indianischen Denken gemeint mit dem umfassenden Symbolbegriff »Herz«. Dieses »Beziehungsorgan« gehört für die indianische Welterfahrung wesentlich mit zum Menschsein in der Einheit von Körper, Seele, Geist und »Herz«. Wenn wir nun »Nahrung« im Folgenden noch einmal eigens symbolisch betrachten, als Zufuhr neuer Kraft und Energie, Stärkung und Freude, und dabei den Menschen in seiner »Ganzheitlichkeit« berücksichtigen in jener Einheit aus Körper, Seele, Geist und »Herz«, wie die Indianer es tun: Was ist es dann in den jeweiligen Bereichen und Lebensaspekten, was Sie brauchen, was Ihnen hilft, was Sie »nährt« in einem tieferen umfassenderen Sinne?

Impuls

1. Bitte stellen Sie eine Liste der »Nahrungsmittel« in den verschiedenen Lebensbereichen zusammen, die Ihnen wichtig sind und als Stärkung notwendig erscheinen für den körperlichen, innerlich seelischen, spirituell-geistlichen und den Beziehungs-Bereich!

2. Wagen Sie es doch einmal, diese eben erarbeitete Zusammenstellung mit Ihrem/Ihrer Partner/Partnerin zu teilen, zu besprechen und auszutauschen! Wo sind Ähnlichkeiten oder Unterschiede, wenn Ihr/e Partner/in auch solch eine Liste erstellt und Sie diese vergleichen? Ein Weg, sich neu kennen zu lernen?

3. Wie wäre es, eine Liste mit Tätigkeiten dazu zu erstellen, wo ich jeweils das finde in Not- und Bedarfssituationen, was ich dann brauche? Wo ich sprechen kann, Verständnis, ein »Herz mit Ohren« finde oder die nötige Ermutigung, vielleicht auch Korrektur, Berührung oder was immer mir hilft.

Vielleicht kann Ihnen als Anregung dienen, was Teilnehmer/innen meiner Trainings und Seminare zusammengetragen haben an Hilfen und Möglichkeiten, die ihnen Stärkung und Nahrung und Kraftquelle sind in Erschöpfungssituationen oder die ihrer Ansicht nach verhüten, ganz leer und »alle« zu werden und die ihrer Erfahrung nach Maßnahmen zur Prophylaxe des Burn-outs darstellen:

Soziale Aktivitäten: Gemütlicher Familiensonntagnachmittag, mit (Enkel-)Kindern spielen, über andere lästern, mit Nachbarn oder Bekannten tratschen, Kaffeeklatsch, gutes Gespräch mit guten Freund/innen, die mich verstehen, telefonieren, sich einem Verein anschließen, tanzen, kegeln.

Körperbewegung in der Natur: Spaziergang in Feld und Wald, alleine oder in der Gruppe, Rad fahren, Sport überhaupt, Gymnastik, genussvolles Wandern.

Hobby: Basteln, Backen, Kochen, Handarbeiten, Gartenarbeit, Stricken, Seidenmalerei.

Hautgenüsse/Sinnlichkeit: Sich in die Badewanne legen, Entspannungsbad, Sauna, Massage, Kuscheln, Sex, sich selber verwöhnen.

Ruhezeiten: Ausschlafen, entspannendes Nickerchen, großer Jahresurlaub (am besten mindestens 3 Wochen), Kurzurlaub als Auszeit, alles stehen lassen, faulenzen, Seele baumeln lassen, Tasse Kaffee trinken, autogenes Training und Entspannungsübungen, Sonne tanken (Vorsicht Ozonloch!), (Stadt-)Bummel, Shopping, Augen schließen und träumen, Meditation, Zeit um sich selber zu finden und sich selbst zu akzeptieren, keine Termine.

Musische Genüsse: Laute oder auch leise Musik hören und/oder selber machen, singen, Instrument spielen, Konzertbesuch, malen, schreiben, etwas gestalten, Tagebuch schreiben, Erfahrungen sortieren.

Kulinarische Genüsse: Gut essen gehen, trinken (Vorsicht nicht zu viel Alkohol!), mich selbst verwöhnen, »romantisches Essen« (Einfluss der gesamten Atmosphäre und Umgebung).

Geistige Tätigkeit und Anregungen: Lesen, Briefe schreiben, Tagebuch, den Arbeitsstress nach Feierabend noch einmal ablaufen lassen und abschließen, Arbeit bewusst hinlegen und einen Termin für sich selbst schaffen, Filme im Kino und Fernsehen, Theaterbesuch, selbst Theater spielen.

Geistlich-spirituelle Aktivitäten: Gemeinsame Meditation, Veranstaltungen der Spiritualität besuchen, Beten, »Stille Zeit« mit Texten aus der Bibel, Weisheitstexten, Kirchenbesuche, Taizé-Veranstaltungen.

Positive Arbeitssituation: Erfüllung im Beruf, Selbstbestätigung und Dasein für andere, notwendiges Eigenlob, Bedeutung von Anerkennung, gutes Arbeitsklima, Freundlichkeit am Arbeitsplatz, sich selbst akzeptieren.

Feste und Feiern: Feste feiern (kleine Geschenke und Gesten), lachen, Spaß haben, neue Feste erfinden, spielen, mich mit anderen »mitfreuen«.

Haustiere: Hund, Katze u.a.

Bildung: Seminare zur Fort- und Weiterbildung, zur Horizonterweiterung, zu Themen bewusster Lebensführung, medizinischen, ökologischen, politischen und spirituellen Themen.

Sonstiges: Blumen, spontaner Blumenstrauß, Reisen, zur Kosmetikerin/zum Friseur gehen, stolz auf sich selber sein, Vorfreude, weinen und Tränen vergießen, Fotoalbum anschauen, Aquarium/Springbrunnen, »Wenn du unerledigte Dinge bewältigt hast, findest du Ruhe!«.

Wie Sie sehen: Die »Nahrungsmittel« sind sehr verschieden, abhängig von Vorerfahrungen, von Typenfragen, Erziehung und der gesellschaftsüblichen Sozialisation.

Impuls 1. Haben Sie bei diesen Beispielen brauchbare Anregungen gefunden? Vielleicht Ideen, auf die Sie nie gekommen wären? Oder Tätigkeiten gefunden, die Ihnen schon lieb und vertraut sind oder waren, die Sie aber vielleicht lange vergessen und brach liegen lassen haben? Wovon Sie zwar wissen: wunderbar und wohltuend, aber »lang, lang ist's her und viel zu schwierig im Alltag einzubauen« und »keine Zeit« oder: »dafür bin ich jetzt zu alt« oder »zu vernünftig«, »berühmt«, »beschäftigt« – wie heißen Ihre »Entschuldigungen«? Und wie wäre es, sich ermutigen und anregen zu lassen, selber ganz neue, originelle und kreative Ideen zu erfinden und jetzt – hier – heute neu anzufangen?

2. Lesen Sie die oben angeführten Beispiele und Ihre eigenen bitte noch einmal durch und unterstreichen Sie einfach, was Sie besonders anspricht, was Ihnen nah ist, witzig oder originell vorkommt und Sie zur Verwirklichung reizt, nehmen Sie dann Ihren Terminkalender und tragen Sie einige dieser Ideen in den Verlauf der nächsten vier Wochen als verbindliche »Termine mit sich selbst« ein. Und sorgen Sie dafür, dass Sie diese Termine so ernst nehmen wie beruflich-geschäftliche oder auch wie einen Termin beim Arzt, bei der Bank oder beim Notar. Denn alle guten Vorsätze nützen uns erst durch die Tat.

Seelsorge als Leibsorge

Bei meiner Beschäftigung mit den Heilungsgeschichten im Neuen Testament fiel mir bei der oben bereits erwähnten Auferweckungsgeschichte dieser jungen Frau, der »Tochter des Jairus« (Markus 7), besonders auf, was Jesus im Einzelnen tut. Wie bei der Elia-Geschichte kommt auch hier als

Erstes die Berührung: Er nimmt sie bei der Hand – und Berührung kann uns ja so ungeheuer tief erreichen, wie wir schon gesehen haben. Manchmal viel tiefer als Worte es können. Dann sagt er zu ihr genau das, was auch der Bote zu Elia sagt: »Steh auf.« Und was tut oder sagt er dann als Nächstes? Er wendet sich an die Eltern: »Gebt ihr zu essen!« Das hat mich viel beschäftigt, dass Jesus als Allererstes schaut: Was braucht jetzt dieser Mensch? Was sind seine/ihre Grundbedürfnisse? Was sind die elementaren Notwendigkeiten?

Ich sehe darin auch die Fürsorglichkeit Jesu: Ihn interessieren unsere Urbedürfnisse, die Notwendigkeiten auch speziell des Körpers. Mit anderen Worten ausgedrückt: Bei ihm ist »Seelsorge« immer zugleich auch »Leibsorge«. Wie auch bei jenem Gelähmten in Markus 2, der so gequält und verkrüppelt dalag und den Jesus von seinen Sünden freispricht, es aber nicht dabei bewenden lässt: Auch ihm mutet er dieses Andere zu: »Steh auf, nimm deine Matte und geh.« Nicht die Seele behandeln ohne den Körper und auch den Geist. Denn durch die neue Körperhaltung (aufstehen und gehen) entsteht ja auch eine neue innere, seelische und geistige Haltung und es kommt etwas in Bewegung.

Die Kirche hat im Laufe ihrer Geschichte ja leider unendlich viel Schaden angerichtet dadurch, dass sie oftmals unseren Körper, unsere Lust und unsere Bedürfnisse verpönt und als sündig bezeichnet hat, gerade das, was mit körperlicher Freude und mit sinnlichem Glück zu tun hat. Dabei ist dies ganz anders gedacht gewesen! Wenn der Glaube bezeugt, dass Gott der Schöpfer dieses Körpers ist mit all seinen Funktionen, Wahrnehmungsfähigkeiten und all seiner Sinnlichkeit, dann hat er ihn zum Freuen geschaffen! Und Jesus gibt uns sozusagen ein Beispiel dafür, wie der Mensch als Ganzheit zusammengehört, indem er bei der Heilung dieser jungen Frau sich als Erstes Gedanken macht darüber: Was tut dieser Frau jetzt gut, was braucht sie körperlich für die *Freude*, für die Lust, für den Aufbau neuer Kraft, nachdem sie so kraftlos und wie tot darniedergelegen hatte? Und als Nächstes sorgt er dafür, dass sie ihre *Ruhe* bekommt und dass sie jetzt in Ruhe gelassen wird. Auch das ist einer der nächsten Schritte, die wir bei Elia beobachten und mitverfolgen können: Er bekommt Stärkung durch Berührung, Stärkung durch Nahrung und im nächsten Schritt Stärkung durch Zuspruch im Gespräch – und macht sich dann im übernächsten Schritt auf in die Ruhe, Abgeschiedenheit, tagelang in die Stille.

Der 6. Schritt

Zuspruch und Gespräch

Oftmals geht es Menschen so, dass sie in Erschöpfungs- oder ausweglos scheinenden Situationen gar keine Möglichkeit mehr sehen und auch den Mut nicht finden, mit jemandem zu reden. Wo dann gute Freunde oder zu liebevoller Begleitung bereite Menschen nur sagen können: »Warum hast du denn nichts gesagt? Hättest du dich doch nur gerührt. Ein Wort hätte genügt ...« Kennen Sie das auch? Dass Sie keinen Mut finden, mit jemandem Kontakt aufzunehmen? Dass Sie gar keine Worte finden für das, was in Ihnen und mit Ihnen los ist? Und dass schon gar nicht das Gefühl aufkommt, reden könne etwas helfen. Weil oftmals in der Depression auch die Überzeugung so groß ist, dass alles zu Ende und überhaupt nichts mehr zu machen ist. Vielleicht wird er ja deswegen »Engel« genannt, der da kommt und unseren Freund findet und anspricht. Und vielleicht haben Sie das ja auch schon erlebt, dieses Wunder, dass im entscheidenden Moment jemand auftaucht.

Und wenn das Wunder nicht geschieht? Dann wäre zu hoffen, dass Sie irgendwann Kraft und Mut finden, den Widerständen und der Hoffnungslosigkeit zum Trotz sich jemandem zu öffnen, ein Familienmitglied – oder vielleicht gerade nicht ein Familienmitglied – ins Vertrauen zu ziehen, eine/n Freund/in, oder auch Menschen aufzusuchen, die dafür ausgebildet und kompetent sind, Berater/innen, Seelsorger/innen, medizinische und psychotherapeutische Fachkräfte. Es gibt für solche Situationen auch die anonymen Ansprechstellen der Telefonseelsorge (bundesweit erreichbar unter der Nummer 0800–1110111 und 0800–1110222 und im Internet unter www.telefonseelsorge.org) oder andere Krisentelefone für Notlagen verschiedenster Art, die man ohne Namensnennung in Anspruch nehmen kann. Oder jene Gruppen, wo man anonym bleiben darf und nur seinen Vornamen preisgibt, wie die anonymen Alkoholiker oder Selbsthilfegruppen für depressive, selbstmordgefährdete Menschen oder für solche mit emotionalen Problemen oder schwer wiegenden Gewichtsproblemen und dergleichen.

Impuls Haben Sie schon Erfahrungen mit solchen Hilfsangeboten gemacht? Wenn nicht, so wäre es lohnend, im Bekanntenkreis, im gelben Teil des Telefonbuches oder im Internet nach solchen Angeboten zu forschen und zu suchen, um sie im Notfall dann für sich parat zu haben. Ich selbst habe mir für Notsituationen, in denen ich vielleicht gar nicht mehr weiß, an wen ich mich wenden könnte, eine große Liste mit Telefonnummern gemacht, die ich an meine Wohnungstür gehängt habe. Auch in extra großer Schrift ganz deutlich geschrieben – für den Fall, dass ich in einer Stresssituation, in Schock oder Panik mich gar nicht mehr konzentrieren und keinen Plan mehr fassen könnte, scheint mir das eine gute Hilfe zu sein, die ich selbst von einem erfahrenen Freund empfohlen bekam und gerne hier an Sie weitergebe.

Das helfende Gespräch

Es ist in meinen Augen legitim, wenn wir uns vorstellen, dass die Begegnung von Elia und seinem Helfer durchaus nicht nur vier Worte umfasste, sondern dass mit dieser Andeutung der ganze Bereich des helfenden Gesprächs angesprochen ist: Hier ist jemand, der ihn wahrnimmt, seine Not sieht, ihn jetzt auch versorgt – wie schön, wenn es so jemanden gibt! –, ihm das Essen und Trinken bereitstellt und ihn dann anspricht. Ganz wichtig für solche Situationen ist jedoch, dass der verzweifelnde und leidende Mensch genügend Gelegenheit bekommt sich auszudrücken, Not, Verzweiflung und Hoffnungslosigkeit deutlich und klar zu artikulieren – wie wir es bei Elia in Schritt 2 bereits beobachtet und angesprochen haben: Raum für Klage, Zeit zum schonungslosen, ungefilterten und ganz unreflektierten Ausdrücken dessen, wo der Schuh drückt. Und auch Raum um Wut und Enttäuschung zu äußern, was ja durchaus oft die Vorstufe ist dafür, dass uns neue Einsichten kommen, wir die eigene Beteiligung am jeweiligen Ungemach erkennen können und vielleicht sogar neue Perspektiven entdecken.

In solchen Gesprächen hat es keinen Sinn, jemandem gut gemeinte Ratschläge zu erteilen, die dann ohnehin nur als »Schläge« empfunden werden. Auch falscher Trost wäre hier fehl am Platz oder die Situation zu bagatellisieren, wie auch den anderen zu kritisieren, Vorwürfe und Vorhaltungen zu machen oder gar zu erklären, was *ich* alles in der Situation des anderen gemacht hätte – vor allem sehr viel besser gemacht hätte, wie der »hilflose Helfer« dann vielleicht manchmal von sich selber glaubt.[25]

Auch hierin zeigt sich wieder der Aspekt der Ganzheitlichkeit, in dem zum helfenden Gespräch auch die helfende Tat gehört, zum Sprechen die Berührung und die fürsorgliche Bereitstellung des Notwendigsten – in diesem Fall von Essen und Trinken. Es ist in der Tat so, dass wir manchmal, wenn wir uns selbst zerschlagen, ausgelaugt und ausgebrannt fühlen, gar nicht mehr wissen, was uns eigentlich gut tut. Um uns in ruhigen Zeiten solche Hilfen zu vergegenwärtigen und bewusst zu machen, haben wir in Schritt 5 (S. 96–100) eine Zusammenstellung erarbeitet. Denn jetzt können Sie aus einem gewissen Abstand heraus vielleicht noch gut für sich all die angegebenen Hilfen und Schritte nachvollziehen. Wenn wir aber selber tief im Loch stecken und in die Krise verstrickt sind, haben wir oftmals so etwas wie einen »Black-out« oder jene in Stresssituationen und Depressionen so typische »Tunnel-Sicht«: Man kann nicht mehr frei umherschauen und Möglichkeiten und Perspektiven entdecken. Daher ist es dann so wichtig, dass es jemanden gibt, der uns anspricht und erinnern kann an Hilfen und Quellen neuer Kraft. Denn das ist es schließlich, was hier in dieser Begegnung geschieht, dass da jemand ist, den am Boden Liegenden berührt und sozusagen zu ihm sagt: »Nicht vergessen jetzt: Auch Essen und Trinken ist wichtig. Darum steh auf und stärke dich!«

Erinnerung an Hilfen und Kraftquellen

Impuls Woran müsste man Sie denn erinnern, wenn Sie in der Krise und so ganz am Boden sind? Welchen Zuspruch bräuchten Sie?

Ich weiß von Situationen, wo ich selbst so »erledigt« war, dass ich nicht einmal mehr wusste, was mir fehlt, was ich brauche, was mir gut tut und was ich jetzt als Hilfe nutzen könnte. Kennen Sie das auch? Was hilft dann?

Eine Frau erzählt: Dann rief ich M. an und die riet mir: »Jetzt geh' mal in die Badewanne und heute mal bald ins Bett – nimm vielleicht etwas unschädliches Schlafförderndes, damit du zur Ruhe kommst nach so viel Aufregung und Anspannung, Freude und Erfolg, das war ja schön, aber es kostet auch alles Kraft ...«

Oder Herr G. berichtet: »Ich war trotz Freude und Befriedigung über den gelungenen Kongress ganz am Boden, konnte nur stöhnend und wimmernd herumliegen, bis meine Freundin zu mir sagte: › Was tut dir denn jetzt vielleicht gut? Ein Bad mit deinem geliebten Zusatz? Oder Kino? Oder gemeinsam in die Sauna gehen? Oder ein bisschen raus an die Luft und laufen oder Fahrrad fahren?‹ Wissen Sie: Ich weiß dann selber manchmal gar nicht mehr, was mir gut tut, was mir hilft, dann bin ich wie taub und blind und benebelt und es ist so hilfreich, wenn jemand mich erinnert, dass ich noch einen Körper und eine Seele habe. Da kann ich dann buchstäblich wieder ›landen‹ oder ›vor Anker gehen‹. Verstehen Sie das?«

Natürlich verstand und kannte ich das, was er da erzählte, von mir selbst und den vielen Menschen, die sich mir anvertrauen in der Therapie und Seelsorge und bei meinen Vorträgen und Seminaren. Aber nun die Frage an Sie noch mal präziser:

Impuls

1. Verstehen *Sie* das? Woran müsste man *Sie* erinnern in solchen Situationen? Wer könnte das tun und wie?

2. Wie können Sie die Liste, die Sie sich oben erarbeitet haben, so aufbewahren oder nutzbringend einsetzen, dass Sie die dort aufgelisteten Hilfs- und »Nahrungs«-Mittel dann auch anwenden? Sie in der Brieftasche bei sich tragen oder Symbole, die Sie daran erinnern, in der Wohnung, am Arbeitsplatz oder im Auto an Stellen an bringen, wo sie Ihnen ins Auge springen? Damit die Hilfen dann auch wirksam werden können!

Ermutigung: Steh auf!

Wenn man nun so daliegt, ausgelaugt und ausgeblutet – in Elias Fall wunderbarerweise versorgt mit Berührung und Nahrung –, welcher Zuspruch könnte helfen? Vielleicht kennen Sie auch Situationen, in denen es wie eine Überforderung wirkt, wenn jemand sagen würde: »Steh auf!« Und vielleicht ist es in der Tat ein weiter Weg und braucht viel Zuwendung,

Verständnis und Akzeptieren von liebevollen, helfenden Menschen um uns herum, bis uns das zu erreichen vermag und wieder buchstäblich auf die Beine bringt, was Elia hier gesagt bekommt (1. Könige 19, 5-7): Aufstehen, die »Lage« verändern und sich stärken. Wo doch das Aufstehen gar nicht so selbstverständlich ist und oft so schwer fällt ...

Impuls

1. Wenn Sie Ihr Leben und Ihre Situation einmal in Ruhe und im Überblick betrachten: Wogegen müssen oder müssten Sie aufstehen? Welchen Verhältnissen und Gegebenheiten sich entgegenstellen? Wem konkret gilt es, Widerstand zu leisten? Oder heißt die Frage für Sie anders: Wofür muss ich aufstehen in meiner Situation? Wofür eintreten, für was oder für wen Standpunkt beziehen? Und natürlich sind hier all jene Qualitäten in uns angesprochen und aufgerufen, die mit Aufstand, Standfestigkeit, Durchstehvermögen und Widerstand zu tun haben. Welche Erfahrungen haben Sie in Ihrer Lebensgeschichte damit bisher gemacht? Haben oder hatten Sie Modelle oder Vorbilder, die Ihnen so etwas mit Erfolg vorgelebt haben? Durch die Sie Ermutigung bekommen für den »Aufstand«? Machen Sie sich ruhig die Mühe, nach solchen eigenen Erfahrungen oder nach brauchbaren Modellen zu suchen und zu fahnden – vielleicht auch mit anderen darüber zu sprechen.[26]

2. Ich lade Sie ein zu einer Stehmeditation: Stellen Sie sich bitte aufrecht hin, die Füße parallel etwa hüft- oder schulterbreit, locker in den Knien. Gehen Sie bitte mit Ihrer Wahrnehmungsfähigkeit jetzt ganz bewusst in Ihre Fußsohlen hinein, spüren Sie den Bodenkontakt, erforschen Sie möglichst genau, wo Ihr Gewicht den Boden am deutlichsten drückt, vor allem, wenn Sie ein wenig hin und her oder nach vorn und hinten pendeln mit dem Körper. Hier spüre ich jetzt meinen Bodenkontakt, bin verwurzelt mit der Erde, fühle den »Boden der Tatsachen«, den Boden, der mich trägt. Allein dieses zu fühlen, ist schon eine wesentliche Grunderfahrung. Und dann wandern Sie mit Ihrer inneren Aufmerksamkeit die Unterschenkel entlang bis zu den Knien: Lassen Sie die Knie bitte locker, nicht durch-

gedrückt. Den Unterschied können Sie deutlich erspüren, wenn Sie die Knie einmal bewusst durchdrücken und sich so vom Boden wegdrücken und starr und steif machen. Dann wieder ein bisschen in die Knie gehen, ca. 5–10 Zentimeter nach vorne, um beweglich zu stehen, flexibel und locker. Diese Art »im Leben zu stehen« brauchen wir schließlich sonst auch. Dann gehen Sie mit Ihrer Wahrnehmung die Oberschenkel entlang hinauf bis zu Ihrem Becken: Lassen Sie Ihren Becken- und Bauchraum einfach gelöst so sein, wie er ist. Möglichst den oberen Beckenrand etwas nach hinten fallen lassen, um nicht im Hohlkreuz dazustehen, und dem Bauch den Raum und die Freiheit geben, die er braucht. Ganz im Sinne eines positiven »mein Bauch gehört mir ...«, denn unsere Körpermitte ist auch das Zentrum unserer Kraft und der Sitz der Gefühle – und es ist folgenschwer, dass in unserem Kulturraum der Bauch uns meistens streitig oder madig gemacht wird und wir weithin trainiert werden, ihn einzuziehen und zu verstecken. Damit engen wir zugleich unser Kraftzentrum ein. Jetzt üben Sie es anders: Lassen Sie los. (Ein Krafttraining für Ihre Bauchmuskeldecke hat zu anderen Zeiten seine Notwendigkeit und sein Recht!) Nehmen Sie darüber Ihren Brust- und Rückenraum wahr, aufrecht und gelöst dastehend –, aber nicht etwa »aufgeplustert« und »aufgereckt«. Auch jenes alte Ideal »Brust raus, Bauch rein« schafft Anspannung, unechte Größe und Unausgeglichenheit. Ich stehe jetzt so da, wie ich bin, aufgerichtet, die Schultern locker, die Arme und Hände hängen locker neben dem Körper herab, auf meinem Hals balanciere ich meinen Kopf. Auch der Kopf ist nicht hochgereckt, das Kinn nicht nach vorne gestreckt, sondern eher in Richtung Schlüssel- und Brustbein zurückgenommen, damit sich die Nackenmuskeln dehnen und strecken können. Vielleicht hilft Ihnen die Vorstellung, dass Ihr Rückenmark wie mit einem silbernen Faden verlängert sei und in den Himmel hinaufreicht – und Sie hängen locker an diesem silbernen Faden und fühlen: Hier stehe ich, das bin ich: So groß, so klein bin ich. Und ich »stehe zu mir«, zu meinen Fähigkeiten und Grenzen, zum Wunderbaren und zum Schwierigen an mir. Und ich »stehe für mich ein«, für meine Bedürfnisse und meinen Schonraum, für meine Interessen und für die

Interessen anderer, die mir am Herzen liegen. »Hier stehe ich, ich kann nicht anders. Gott helfe mir!« hat in seinem Mut zum Widerstand und in seinem Wunsch zur Reformation und Erneuerung der damaligen Kirche Martin Luther vor dem Reichstag zu Worms 1521 gesagt. Hier stehe ich – das gilt jetzt auch für Sie! Auch im Sinne von Standfestigkeit und Durchstehvermögen, Selbstständigkeit und Eigenständigkeit, Aufstand und Widerstand und was Sie in Ihrer Situation eben jetzt besonders brauchen.
Diese Übung verdanke ich meinem weisen Meditationslehrer Michael E. Frickel, der vor Jahrzehnten für sich den Mut brauchte und fand, aus seinem Orden auszusteigen, und der uns in seinen Seminaren manchmal erzählte, dass er die Kraft, diesen schweren Weg wirklich durchzu*stehen*, wohl nicht gehabt hätte ohne diese regelmäßige Übung. Mit Konzentration und Achtsamkeit immer wieder ganz bewusst in die Füße zu gehen, ist übrigens psychosomatisch auch eine sehr wirkungsvolle antidepressive Übung – garantiert ohne Nebenwirkungen!

3. Sammeln Sie selbst einmal – am besten mit anderen zusammen auch in einer Gruppe – Worte und Assoziationen zum »Aufstehen«, um sich dieses dynamische Aufbruchs-Bedeutungsfeld in seiner lebensnahen Symbolik ganz konkret aufzuschlüsseln.

4. Wussten Sie eigentlich, dass das Wort »Aufstehen«, das hier in der Elia-Geschichte verwendet wird, dasselbe ist wie für das Fest der Auferstehung an Ostern? Jesu Auferstehung ist genau so ein Aufstehen für und ein Aufstehen gegen, wie wir es oben betrachtet haben. Es ist vielleicht ein Prozess immer wieder neu im Leben. In Markus 9 spricht Jesus ganz natürlich vom »Aufstehen von den Toten« und seine Jünger fragen danach, was denn damit gemeint sei. Wir brauchen es immer wieder auch bei unseren »kleinen Toden mitten im Leben«.

5. Meditieren Sie bitte das Wort, das in einer Gotteserscheinung Gott zu dem Propheten Ezechiel/Hesekiel spricht, als der sich in Ehrfurcht vor ihm auf den Boden wirft (Ezechiel/Hesekiel 2,1): »Stelle dich auf deine Füße.« Dazu ein Wort aus den Psalmen (31,9): »Du stellst meine Füße auf weiten Raum.« Gehen Sie bitte

einige Zeit immer wieder neu mit diesen Worten in die Stille und bewegen Sie sie in Ihrem Herzen.

6. Auch für Ihren spirituellen Weg und die Entwicklung Ihrer Gottesbeziehung könnte das »Stehen vor Gott« eine neue und wichtige Bedeutung bekommen. Vor Jahren habe ich meine Entdeckungen dazu in folgenden Text gefasst:

Auge in Auge

Menschen in vielen Religionen
stehen zum Gebet auf,
immer –
beten stehend vor Gott.
Orthodoxe Christen stehen
den ganzen Gottesdienst
durch,
oftmals drei Stunden und mehr,
hörte ich kürzlich von einem, der's weiß.
Bei uns war das
früher auch so ...

Vor meinem Gott stehen
– das ist es, was mich hier anspricht.
Ihm gegenüber,
Auge in Auge,
aufrecht, aufgerichtet, gerade.
Nicht verkrümmt und verhuscht,
zusammengekauert, demütig

gesenkten Hauptes,
dasitzend oder kniend,
gar niedergeschlagenen Blickes ...

Sein Volk betete immer
stehend vor ihm.
Vor meinem Gott stehen:
»Auge in Auge«,
ihm gegenüber.

»Erhebt eure Häupter!«
»Er schaut dich an
in Barmherzigkeit und Demut«,
sagt eine christliche Mystikerin.
Er – mich – so!
Und ich ihn
offen und wach.
Hier bin ich! [27]

Wider die Ungeduld oder: Von der heilsamen Notwendigkeit der Wiederholung

Wenn ich den Elia-Text genau betrachte, so fällt mir Folgendes auf: Es ist zweimal davon die Rede, dass ein Engel kam und Elia anrührte, zweimal davon die Rede, dass er ihn anspricht und zu ihm sagt: »Steh' auf, iss und trink!« Und zweimal wird erzählt, dass er isst und trinkt, und zweimal ist davon die Rede, dass er sich hinlegt und wieder schläft. Welche

Erkenntnis, welche Lebenserfahrung, welche Weisheit könnte darin liegen? Was könnte für uns heute in unseren Nöten und Krisen für die Bewältigung solcher »Tiefs« daraus zu lernen sein? Alles mehrmals: Die Begegnung, die Berührung, der Zuspruch, das Essen, das Trinken, das Schlafen. Und wenn ich nun vorgreife auf den Fortlauf der Geschichte, so wiederholt sich dort das Schlafen noch einmal, weil am Gottesberg, zu dem Elia dann gelangt, nicht gleich von einer Gottesbegegnung die Rede ist, sondern noch einmal von Rückzug, Regression und Regeneration und dem Schlafen und auch dort von einer zweimaligen Ansprache und Frage durch Gott.

Wieso das? Tatsächlich ist es dem Leben sehr sorgfältig abgelauscht, dass der Prozess des Aufrichtens im Allgemeinen nicht auf einmal geht, sondern in verschiedenen Etappen. Hilfe und Veränderung sind meist nicht schnell zu haben. So jedenfalls habe ich das in meiner eigenen Lebensgeschichte erfahren und erlebe es immer wieder in Beratungs- und Therapiegesprächen. Da erzählen mir Menschen manchmal: »Wie oft habe ich zu bald wieder angefangen nach Krankheits- und Erschöpfungsphasen. War sogar vielleicht noch nicht symptomfrei oder eben knapp oder gerade erst. Und kaum symptomfrei stürzte ich mich sofort wieder hinein in den Stress, in den Druck, die Termine und Pflichten.«

So haben sich in meiner seelsorgerlich-therapeutischen Begleitung nach meiner Erfahrung verschiedene Etappen herauskristallisiert: Ich habe es selbst oft erlebt und es auch mit anderen und aus der psychosomatischen Medizin und Naturheilkunde gelernt, dass es da wohl gleichsam etwas wie eine Stufenleiter zu geben scheint, die gerade in der Rekonvaleszenz aus schweren Krankheiten, Erschöpfungszuständen oder Depressionen vielleicht manchmal übersehen wird mit folgenschweren Auswirkungen:

Symptomfrei zu sein, heißt oft noch nicht, wirklich ganz gesund zu sein.

Ganz gesund zu sein, heißt oft noch nicht, wirklich wieder belastbar zu sein.

Und auch wieder belastbar zu sein, bedeutet oft noch nicht, dem üblichen Stress oder etwa Prüfungssituationen oder beruflichen Auseinandersetzungen schon gewachsen zu sein.

Als ich selbst zum Beispiel mit einer schweren Erkrankung im Krankenhaus lag, spürte der Chefarzt meine Ungeduld und meinen intensiven Wunsch, dass alles schnell vorübergehen und ich ganz rasch wieder gesund und arbeitsfähig sein möge, und erklärte mir dann einmal ganz freundlich und bestimmt: »Herr Behringer, Sie wissen ja: Das Wort Patient kommt von lateinisch *patiens* und das heißt *geduldig*. Jetzt üben Sie sich bitte in Geduld!« So hatte ich meine Lektion zu lernen ...

Impuls Wie geht es Ihnen damit, zu erfahren: Oft geht es eben nicht schnell – mit dem Aufschwung, der Stärkung in der Schwäche, der notwendigen Veränderung, dem inneren Wachstumsprozess. Kennen Sie jene Geschichte des chinesischen Bauern, der, um zu sehen, wie schnell die gesäten Körner keimen und wachsen, sie immer wieder ausriss, um das Wachstum zu prüfen?

»Ein Mann hatte seinen kleinen Acker gut vorbereitet, gepflügt und gesät. Er wunderte sich nach ein paar Wochen nur, dass die Saat so langsam aufging. Bei seinem Nachbarn sah er schon kräftigen, grünen Wuchs! Von Tag zu Tag wurde seine Geduld weniger. Er konnte vor Sorge nicht mehr schlafen. Schließlich hatte er eine wahnwitzige Idee. Er lief zu seinem Feld und begann, die zarten, kleinen Halme etwas in die Höhe zu ziehen. Das war natürlich eine mühsame Arbeit; aber schließlich war er fertig. Er traf unterwegs seinen Nachbarn und sagte ihm, dass er seinem Korn beim Wachsen geholfen habe. Neugierig geworden liefen sie zu seinem Feld und sahen alles zerstört und verwelkt. – Und noch lange lachte man im Dorf über den Mann, der nicht warten konnte.«[28]

Vielleicht lesen Sie sich ja diese eigenartige und doch so typische Geschichte gelegentlich selbst laut vor, verbreiten sie auch in Ihrem Freundes- und Bekanntenkreis, um sich immer wieder zur Geduld zu ermutigen, zu dem Wissen, dass beharrliches Warten und auch Wiederholungen ihren Sinn haben und eben »alles seine Zeit« braucht.

Es mag ja sein, dass die angesprochenen Wiederholungen im Text unserer zugrunde liegenden Geschichte in der wissenschaftlich-theologischen Forschung literar- und quellenkritisch begründet werden. Es mag auch sein, dass diese Art der Erzählweise einfach typisch ist für orientalische Geschichtenerzähler und ihre Mentalität. Dennoch glaube ich, dass tiefenpsychologisch und therapeutisch hier etwas sehr Wesentliches für unseren eigenen Genesungsprozess zu gewinnen ist. Glauben Sie nicht auch? Und sprechen Sie ruhig auch mit anderen darüber und davon, welche Beobachtungen und Erfahrungen sie zu diesen Fragen beizutragen haben.

Distanz aufnehmen: »Vierzig Tage Wüste«

Wohin wendet sich unser erschöpfter, gestärkter, nicht mehr »am Boden liegender« Freund denn nun nach seinem Aufstehen, nach dem Gespräch und nachdem er von diesem Boten noch gesagt bekam »dein Weg ist weit« (Vers 7)? Welche Empfehlung für uns könnte darin liegen?

»Jeder Mensch braucht ein bisschen Wüste«

»Jeder Mensch braucht ein bisschen Wüste«, empfiehlt Antoine de St. Exupéry. Wüste: Das ist es. Genau dahin geht er.

Impuls Wüste: Was bedeutet das für Sie alles? Überlegen Sie doch bitte für sich selbst und mit anderen zusammen einmal, wofür – auch symbolisch – dieser Begriff für Sie stehen kann. Ob da im Vordergrund der Gedanke an Stille, totale Stille und Endlosigkeit steht, Menschenleere und Einsamkeit oder das Staunen über das Wunder des Lebens, weil »die Wüste lebt«. Oder jenes total andere Raum-Zeit-Gefühl oder die Unausweichlichkeit, mit der ich mir dort selbst begegne, in der Stille besonders deutlich mein eigenes Atmen, meinen Herzschlag wahrnehme, jeden Schritt und jeden Tritt, jedes Geräusch viel intensiver als anderswo sonst. Welche Assoziationen weckt »Wüste« sonst noch in Ihnen? Erinnerungen, Vergleiche, Erfahrungsberichte, vielleicht auch Sehnsüchte? Oder auch Unruhe, Ängste und das Wissen: So viel Stille und Ruhe treiben mich in den Wahnsinn ... Wie reagieren Sie auf dieses Erfahrungsangebot »Wüste«?

In den Traditionen vieler Völker und Kulturen gilt Wüste als Ort der Stille, Ort für Rückzug, als Ort und Bild für eine Zeit der Leere, des Auftankens, auch eine Zeit dafür, neue Kraft zu schöpfen und neu zu werden. Das ist eine Tradition, die sogar schon in den ersten Versen der Bibel vorkommt. Dort ist davon die Rede, dass Gott Himmel und Erde schuf »und die Erde war wüst und leer«. Das ist sozusagen der Urgrund, aus dem dann Schöpfung kommt, die »Bedingung der Möglichkeit« von Kreation, von Neuem, würden die Philosophen sagen. Dies ist der Grundstoff: wüst, leer. Und aus dieser Leere kann dann etwas werden – Neuorientierung, neue Kraft, Veränderung des Lebens. Krise ist auch so eine Zeit der Orientierung: Wie geht es weiter? Die Wüste ist auch ein Ort, wo wenig Ablenkung ist, wo wir zu uns selber, zur Ruhe kommen können.

Man muss sich allerdings darauf einlassen, in eine Situation zu gehen, von der man gar nicht sehr viel erwarten kann und darf, auch nicht viel Anregung, Animation und Ablenkung hat. Und wer die Wüste kennt, der weiß, dass die Wüste lebt und belebt ist. Dass es da durchaus Lebewesen und Pflanzen gibt und erstaunlich schöne Felsformationen und Sandfarben. Das bringt Faszination. Aber zugleich berichten Menschen auch immer Folgendes: Sie erleben eine nie gekannte Stille, die Gleichförmigkeit und Eintönigkeit verändert die Wahrnehmung und einen selbst. Man fühlt sich, vor allem wenn man ohne Begleitung unterwegs ist, unendlich alleine. Man spürt die Einsamkeit, die eigentlich auch unser eigener Lebenszustand im Letzten ist ... über die wir uns nur allzu gut hinwegtäuschen können im Alltagsleben durch Tätigkeiten und Gespräche, Radio hören, Fernseher einschalten und dergleichen. In diesem Sinne wäre Schweigen zum Beispiel auch ein bisschen Wüste. Fasten ist ein bisschen Wüste, weil ich dann bestimmte Dinge aus meinem Leben herausnehme, bestimmte Tätigkeiten oder bestimmte Ablenkungen. Und so organisiere ich mir vielleicht ein »Eile- oder Hetzefasten« ... Es kommt ja immer häufiger vor, dass Menschen solche Zeiten suchen, sich beispielsweise in ein Kloster zurückziehen. Unter Managern ist das ganz hoch im Kurs. Sie fangen an, ins Kloster zu gehen, weil sie wie viele andere feststellen: Ich brauche Auszeiten, Rückzugsorte, Gelegenheiten für Distanz, Reflexion und Neuorientierung. In einer Struktur ohne Ablenkung, ohne Termindruck, ohne Telefon und Handy, auch ohne Laptop. Das ist dann wie ein bisschen Wüste.

Ist es vielleicht gerade das, was Ihnen zur Zeit fehlt und was Sie bräuchten? Kennen Sie diese Sehnsucht und diesen Wunsch nach einem endlosen Zeit- und Ortsraum, nach Zeitlosigkeit und Herausgehobensein aus dem Üblichen, dem Alltag, den Konventionen?

Impuls Lassen Sie doch gerade angesichts dieser Vision diesem jetzt aufkeimenden oder schon lange bedrängenden oder manchmal ganz sanft klopfenden Wunsch nach Zeit und Raum ganz für sich selbst besondere Aufmerksamkeit zukommen beim Bedenken des folgenden Textes von Elli Michler, den Sie auch – von Siegfried Fietz wunderschön vertont – als Lied hören können.[29]

Ich wünsche dir Zeit

Ich wünsche dir nicht alle möglichen Gaben.
Ich wünsche dir nur, was die meisten nicht haben:
Ich wünsche dir Zeit, dich zu freun und zu lachen,
und wenn du sie nützt, kannst du etwas draus machen.

Ich wünsche dir Zeit für dein Tun und dein Denken,
nicht nur für dich selbst, sondern auch zum Verschenken.
Ich wünsche dir Zeit, nicht zum Hasten und Rennen,
sondern die Zeit zum Zufriedenseinkönnen.

Ich wünsche dir Zeit – nicht nur so zum Vertreiben.
Ich wünsche, sie möge dir übrigbleiben
als Zeit für das Staunen und Zeit für Vertraun,
anstatt nach der Zeit, der Uhr nur zu schaun.

Ich wünsche dir Zeit, nach den Sternen zu greifen,
und Zeit, um zu wachsen, das heißt, um zu reifen.
Ich wünsche dir Zeit, neu zu hoffen, zu lieben.
Es hat keinen Sinn, diese Zeit zu verschieben.

Ich wünsche dir Zeit, zu dir selber zu finden,
jeden Tag, jede Stunde als Glück zu empfinden.
Ich wünsche dir Zeit, auch um Schuld zu vergeben.
Ich wünsche dir: Zeit zu haben zum Leben!

(aus: Elli Michler, »Dir zugedacht« © Don Bosco Verlag, München 2004)

Mir selber ist dieses Lied begegnet inmitten einer solchen Zeit der Erschöpfung, Rekonvaleszenz und Regeneration, als ich zu einer Aus-Zeit auf einer Reha-Kur war, dort ein Konzert besuchte, just an dem Datum genau ein halbes Jahr nach meiner Einlieferung auf die Intensivstation mit einer schweren Krankheit. Da traf mich dieses Lied und dieser Text, diese Botschaft, mitten ins Herz: Diese Zeit ist jetzt. Ganz im Sinne des alten Spruchs jüdischer Weisheit: »Wann, wenn nicht jetzt?!«

Heilsame Reduzierung der Reizflut

Impuls Gerade bei Erschöpfung, Depression und Niedergeschlagenheit kann Wüste im Sinn von »Ruhe und Reduzierung« heilsam sein für uns. Fragen Sie sich bitte gerade in solchen Situationen einmal: Brauche ich jetzt wirklich diesen Drink, dieses Essen, diese Tablette? Tut mir dieser Film-/Fernsehabend gut? Hilft mir das beim »Zappen« Erlebte weiter? Oder wäre in Wirklichkeit etwas anderes angesagt? Vielleicht Laufen – wie im Anfangskapitel Schritt 1 empfiehlt und was Elia auch in der Wüste tut! Oder stillhalten? Ist Musik jetzt gerade gut für mich – oder ist Stille besser? Brauche ich diese Vergnügung oder Begegnung jetzt, diesen Treff, jenen Termin? Hilft Zerstreuung? Oder eher Sammlung? Weil »weniger manchmal mehr« ist ... Und schafft ein »Mehr« sonst möglicherweise neuen Stress, verbraucht Kraft, die ich doch suchen und sammeln will.

Ich selber kenne das nur zu gut, wenn ich von anstrengenden Tagen oder Veranstaltungen zurückkomme, erfüllt und doch zugleich leer, zufrieden über den Erfolg und doch so »hungrig«, nach – ja, wonach? Das muss ich mich dann ganz genau fragen. Die Gefahr einer Routine ist groß: Man hat ja schnell etwas eingeschaltet, hergerichtet, hergeholt – und »füllt die Leere«. Und dann brauche ich genau wie Sie die Unterbrechung und die Frage an mich selbst, um mir klar zu werden: Was ist jetzt tatsächlich nötig? Was brauche ich wirklich? Schaffe ich, was mir einmal eine Kollegin als ihr Ritual anvertraute: Sie setze sich dann in ihr Wohnzimmer, ohne Fernseher, ohne Musik, ohne Licht und »hört der Stille zu«. Mit dem Titel »Der Stille lauschen«, schrieb ich damals einen Text. Wunderschön, aber das auch zu *tun*, in der Tat zu praktizieren ist noch etwas ganz anderes – und fällt auch mir immer wieder schwer. Die heilsame »Wüste« aufzusuchen. So üben wir denn gemeinsam, Sie, liebe Leserin, Sie, lieber Leser, und ich. Denn das eben Gesagte gilt ja für alles in diesem Buch: Auch ich, obwohl ich alles weiß, formuliere und empfehle, muss mich immer neu aufraffen zu jedem dieser Schritte, immer neu versuchen, wirklich zu leben, was ich lehre, umzusetzen, was ich wissen müsste, und bin – mit Ihnen – selbst im Training. Denn viele erzählen mir das, was ich oben aus eigenem Erleben schilderte, auf ihre, ähnliche Weise und sagen: »Das ist oft wie ein Reflex, die Macht der Gewohnheit: Heimkommen, Fernseher an, Chips und Schokolade her, Wein raus, es mir so gemütlich machen – und später dann Tabletten für die Nacht, um auch abschalten und schlafen zu können.« Wie sieht es bei Ihnen aus? Was sind Ihre Reflexe, Rituale, Automatismen?

»Wüste« wäre, so meine ich, das Alternativmodell, wäre das »Gegenwort« gegen die Flut – von Eindrücken, Informationen, von allem, was ständig auf uns einströmt. Ich habe einen berühmten Therapeuten zum Freund, der lebt ohne Fernseher! Ein anderer lebt bewusst ohne Auto: Formen selbst gewählter und selbst gestalteter heilsamer Wüste!

Ort der Wandlung

Wenn ich in Seminaren Leute frage, was denn Wüste für sie bedeute, so kommen manchmal auch sehr unterschiedliche Antworten: Natürlich gehört dazu Stille und Zurückgezogenheit, Konzentration auf das Wesentliche und die Möglichkeit, zu sich selber zu kommen. Aber dazu gehört auch das Spüren der eigenen Unruhe, des Gefühls von Verlassensein und Einsamsein, das auch quälend sein kann – Unruhe und Verlorenheit und quälende Unendlichkeit. Vielleicht ist es das, was uns »Auszeiten« und Wüstenzeiten im Leben oft so schwer macht, dass wir dabei zunächst noch deutlicher als sonst die eigene innere Unruhe spüren, die Flut von Gedanken, Informationen, Sorgen und Ängsten, Plänen und Ideen uns noch deutlicher umtreibt und es einfach Zeit braucht, bis wir wirklich inneren Abstand gewinnen und zur Ruhe kommen können. Das geht nicht auf einmal!

In den biblischen Traditionen wird von sehr wesentlichen Wandlungszeiten in der Wüste gesprochen, verbunden mit vielen Tagen oder Jahren. Dabei spielt die Zahl 40 eine besondere Rolle. Mose zum Beispiel, der der Glaubensvermittler für das Volk Israel wurde, hatte seine entscheidende Gottesbegegnung in der Wüste. Dahin war er geflüchtet, weil es Probleme gab in seinem Leben. Er hatte jemanden umgebracht und dann musste er weg. Dann wollte er sozusagen ins Nirgendwo ausreißen. Und da, wo er dachte, da sei jetzt ohnehin niemand mehr und er sei wenigstens sicher vor den Menschen, hatte er eine Gotteserfahrung, bei einem brennenden Busch (2. Mose/Exodus 3). Er blieb lange in der Wüste. Sie hat ihn verändert. Später war er 40 Tage und 40 Nächte auf dem Gottesberg und Gott sprach mit ihm wie mit einem Freund und tat ihm seinen Willen kund (2. Mose/Exodus 19 ff.).

Als Mose dann mit dem Volk weiterzog auf seinem Weg aus der Unterdrückung und Knechtschaft in Ägypten in ein neues Leben im Land Israel, brauchten sie für diesen Weg 40 Jahre in der Wüste. Es hat lange gedauert, bis die Menschen ein neues, freies Selbstbewusstsein entwickeln konnten, bis sie Vertrauen lernten und durch das Leben in der Wüste erneuert und verwandelt wurden. Auch von Johannes dem Täufer, dem Vorläufer Jesu, wird erzählt, dass er als Erstes in der Wüste war. Und Jesus selbst ging zunächst in die Wüste, als einem Vorbereitungsort, einem Stärkungsort, einem Klärungsort: Wer bin ich? Was will ich? Jesus ging 40 Tage in die Wüste und hat dort diesen Zustand noch unterstützt, indem er gefastet hat, so wird erzählt. Auch bei Paulus war das so, wie wir aus seinen Briefen wissen. Und es gehört auch zum Werdegang von anderen: Buddha, zum Beispiel, ging in einsame Gegenden und hatte draußen unter einem Baum sein großes Erleuchtungserlebnis. Sich zurückziehen, allein sein und von dem berührt werden, was innerlich die Quelle des Lebens, was der Urgrund des Lebens ist.

Und wir sind mit Elia unterwegs auf dem Weg in die Wüste. »40 Tage und 40 Nächte rannte er bis zum Gottesberg«, so heißt es in Vers 8 unserer Geschichte.

Distanz aufnehmen

Wenn hier von 40 Tagen und 40 Nächten die Rede ist, so müssen wir das vielleicht genauer und vor allem übertragen anschauen: 40 ist eine Symbolzahl in der Sprachwelt der Bibel. Wie eben erwähnt, kommt diese Zahl häufig vor: Da ist von 40 Tagen die Rede, die Mose auf dem Berg verbrachte, von 40 Jahren, die das Volk Israel in der Wüste lebt, von 40 Tagen, die Jesus fastet in der Wüste und wo er Begegnungen hat, sowohl mit dem Versucher als auch mit den Engeln, die zu ihm kamen und ihm dienten, und den wilden Tieren. Und dann kommen 40 Tage nach Ostern bis Himmelfahrt, in denen Jesus immer wieder und auf unterschiedliche Weise verschiedenen Personen und Gruppen erscheint und sie dadurch vergewissert, dass er lebt, und in ihnen das Vertrauen stärkt, dass »seine Sache weitergeht«. Symbolik der Zahl 40, so sagen uns die Forscher des hebräischen Denkens, ist Vollständigkeit, Fülle. Eine »vollkommene Zeit«, »vollständige Zeit« im Sinne von »genug«. Fülle im Sinne von »satt«. 40 ist die Zahl für »lang genug«. Moses lebendiger und freundschaftlicher Gotteskontakt, Israels Lern- und Lehrzeit, Jesu Vorbereitungszeit und Auseinandersetzung mit dem Schatten und seinen Versuchungen – für all das »genügend Zeit«. Daher immer die 40. Und auch Zeit genug für das Abschiednehmen nach Ostern, vergewissernde Begegnungen mit Jesus Christus, Zeit genug für Gespräche, Zweifel und das Lernen von Vertrauen, für Tränen der Bestürzung und das Wachsen der Gewissheit: Er lebt und wirkt weiter in uns. Zeit genug für die Vergewisserung im Inneren seiner Nachfolgerinnen und Nachfolger, um ihn dann im Außen herzugeben und loslassen zu können – dafür steht Himmelfahrt 40 Tage nach Ostern. Und 40 Wochen dauert schließlich auch eine Schwangerschaft bis zur Reife, der Geburt. Das ist »genügend Zeit« zur vollen Entwicklung eines Babys im geschützten Raum des Mutterleibes.

Die 40 also als ein Wort für genug Zeit, genug Abstand, genug Distanz. Wenn Elia tagelang in die Wüste hineinläuft, dann heißt das ja: Er geht eine ganz, ganz lange Zeit – zeitlich gesehen – und wirklich lang genug weg –, auch räumlich gesehen. Tagesreise heißt schließlich: So weit komme ich an einem Tag zeitlich und räumlich. So ist die Zeitangabe zugleich eine Wegangabe und dieses Ganze zugleich ein Bild für große Distanz, eine weite, weite Strecke, die er wegmuss – sicher nicht nur äußerlich, sondern auch innerlich.

Das ist genau das, was wir, gerade in Belastungs- und Erschöpfungssituationen immer wieder brauchen: ganz viel Zeit und Raum zwischen uns und das Problem, die Sachlage, die uns so sehr Not macht, quält und niederdrückt. Oft aber ist nicht viel Zeit da, oft haben wir nicht die Möglichkeit, Raum zwischen uns und die Konfliktlage zu bringen, oder? Dann ist der nächste Heilungsschritt heraus aus der Situation, dass ich es wirklich wage, innerlich Distanz aufzunehmen, mich zumindest innerlich zu entfernen.

Impuls Jetzt müssten Sie bitte einfach für sich und Ihre Situation einmal konkret überlegen: Was hilft mir, Distanz zu meinen Nöten und Problemen, quälenden Situationen und Gedanken aufzunehmen? Heißt das: Ein Spaziergang ist nötig? Heißt das: Ein Wochenende einmal wegfahren? Heißt das vielleicht: Ich brauche einmal so etwas wie eine Kur, eine längere Auszeit, ein paar Wochen so richtig weg? Oder sind es kurze Unterbrechungen, die Sie lernen und einüben müssten? Die Fähigkeit zu kurzen Pausen, Erfrischungsübungen, Distanzierungswegen, die nicht viel Zeit in Anspruch nehmen und doch höchst wirksam sind? Kennen Sie derartige Kurz-Distanzierungs-Übungen – oder aber wo könnten Sie sie lernen? Kennen und nutzen Sie bereits Kassetten und CDs, die einen dabei unterstützen, wie beispielsweise meine Meditationen zum Aufatmen – Kraft schöpfen – Neu werden?[30]

Ein Seminar oder ein Ausflug sind wunderschöne Gelegenheiten, zu all den Dingen, die im Arbeits- und Lebensalltag drohen und brennen und drängen und uns beschäftigen, Distanz aufzunehmen. Das Telefon ist dann schon wieder eine gefährliche Möglichkeit, sich all das schnell wieder herzuholen. Aber wir brauchen Gelegenheiten, Distanz und Raum zu schaffen, wo wir es wagen, innerlich weit wegzugehen. Das heißt dann jedoch nicht etwa, dass ich all das Verlassene verdränge und »mich auf meine Wolke setze«, sondern gerade in der Distanz kann ich die Dinge genau anschauen, ungeschminkt und unbeschönigt. Kann sie auch, ohne gleich hineinverwickelt zu sein, mit Ruhe und Sorgfalt ein Stück wegrücken von mir, um sie so anzuschauen, dass ich die Übersicht wieder bekomme. Denn wenn man im Strudel mittendrin ist, verliert man oft den Überblick, die Souveränität und die Möglichkeit zu steuern. Darum brauchen wir Abstand! Und möglichst auch Gespräche, Beratung oder auch professionelle Hilfen wie Therapie, Coaching oder Supervision, bei denen ich Zusammenhänge erkennen kann, eigenes Beteiligtsein an den Schwierigkeiten, besseren Umgang mit mir selbst und anderen erlerne, wo ich aber auch Ermutigung finde, das Risiko von Konflikt und Auseinandersetzung einzugehen und durch entsprechende Konfrontation auch Klärung herbeizuschaffen, wenn und soweit das möglich ist.

Konkretionen

Vielleicht sagen Sie beim Lesen dieser Zeilen zu sich: Der hat leicht reden ... Bei mir geht das alles nicht. Ich kann nicht einige Tage weg, einen Urlaub oder gar eine Kur beantragen, das lässt sich in meiner Arbeit und mit meiner Familie und bei meinen vielen Verpflichtungen so nicht organisieren. Schön wäre es, notwendig vielleicht auch, nur machbar ist es nicht. Geht es Ihnen so? Dann lassen Sie uns doch überlegen, wie ein kleines bisschen davon machbar wäre.

Impuls Was wären kleine, mögliche und machbare »Häppchen« und Methoden von Distanznahme, die mir trotz der Fülle von Verpflichtungen kleine »heilsame Unterbrechungen« in meinem Alltag ermöglichen könnten? Sprechen Sie doch auch mit anderen darüber!

Denn wer zu wenig Pausen macht, überlastet sich selbst. Die Folgen können Konzentrationsmangel sein, abnehmende Lern- und Leistungsfähigkeit, nervöses Verhalten, erhöhtes Unfallrisiko, Abnahme der psychischen Belastbarkeit, erhöhte Krankheitsanfälligkeit, fehlende Lebensfreude und sogar schwerwiegende Erkrankungen. Vielleicht helfen Ihnen als erste Schritte ein paar Regeln für die Pausengestaltung:

- Der Erholungswert einer Pause ist in den ersten 4–7 Minuten am größten. Der Erholungswert weiterer Pausenminuten bringt nicht mehr Erholung.
- Vor Beginn angekündigter Pausen lassen sich Leistungs- und Motivationssteigerungen beobachten. Kündigen Sie sich selbst also zur Ermunterung jeweils Ihre Pause an (z.B. »Noch 5 Minuten!«). Besonders wichtig ist es, Pausen sinnvoll zu gestalten. Verlassen Sie in jedem Fall kurz Ihren Arbeitsplatz oder Ihr jeweiliges Tätigkeitsfeld. Schöpfen Sie am besten frische Luft!
- Legen Sie Ihre Kurzpause an das Ende einer erledigten Aufgabe. Damit können Sie sich selbst belohnen.
- Mehrere kurze, über den Tag verteilte und sinnvoll genutzte Pausen sind wesentlich ergiebiger als eine lange Pause stattdessen.
- Der bekannte Flowforscher Mihaly Csikzentmihalyi empfahl zur Förderung von Lebensfreude und Aufrechterhaltung der Kreativität und Konzentrationsfähigkeit, alle 1 1/2 Stunden 90 Sekunden lang innezuhalten und nur

ganz einfach in sich hineinzulauschen und hineinzuspüren, wie man sich fühlt – ohne irgendetwas dabei zu bewerten, zu begutachten oder zu kritisieren. Das Motto dieser Besinnungsphase heißt ZAK – Zentrierung – Atmung – Körperwahrnehmung.[31]

Impuls Erlernen Sie kleine Übungen zur raschen Revitalisierung wie zum Beispiel:

- Legen Sie alle Finger mit den Kuppen aneinander und drücken Sie sie für 6–8 Atemzüge aneinander. Diese Übung hat eine ausgleichende und belebende Wirkung, führt bei Übermüdung zu einer deutlichen Erholung und hilft Ihnen, sich innerlich zu distanzieren, zu sammeln und neu zu konzentrieren.
- Oder Sie verbinden Ihr Einatmen mit dem Satz: »Ruhe und Frieden strömen in mich ein« und das Ausatmen mit: »und strahlen von mir aus«.
- Oder Sie verbinden drei bewusste Atemzüge mit einer spirituellen Übung der Stärkung und Meditation: »Ich lebe – ich atme – die Geistkraft Gottes ist in mir.« Jeden Teil mit einem Atemzug verbindend. Wenn Sie das öfter und regelmäßig tun, wird es Sie verändern. Probieren Sie es aus!

Vielleicht helfen Ihnen ja auch einige Vorschläge, die Seminarteilnehmer/innen zusammengestellt haben auf die Frage: Wie kann ich kurzzeitig Distanz gewinnen zu Anspannung, Stress, Konfliktsituationen und Überforderung? Dabei gab es ganz verschiedene Ideen: Einen kurzen Spaziergang machen, meinen »inneren Schweinehund« spazieren führen, einen Gang nach dem Motto »unter dem Licht des Himmels gehen« – mich ausschütteln wie ein Hund, wenn er nach dem Schwimmen aus dem Wasser gekommen ist – mich selbst am ganzen Körper ausstreichen – mich duschen (eventuell auch in der Vorstellung einer »Licht-Dusche«, wobei ich mir in einer Lichtmeditation vorstelle, dass mein Körper umspült und erfüllt wird von goldenem Licht) – Hände waschen (als Ritual: bewusstes Lösen von Spannungen, mir den Puls kühlen) – Musik genießen (hören und aktiv mitsingen oder musizieren) – irgendetwas Körperliches tun, um meine Power zu spüren, besonders hilfreich Anwendungen mit Wasser, Schwimmen, Sauna – bestimmte Kleidung tragen, eventuell mich umziehen und die Kleidung wechseln – stille Zeit suchen, eine Kerze anzünden, etwas Stärkendes lesen, Worte wiederholen, Meditation und Gebet, in dem ich alles Belastende bewusst ab- und übergebe an eine »höhere Macht« – »Kurzzeitausstieg«, verbunden mit einem bestimmten Geschmack (ein Glas Wein, eine Frucht essen, schädlich jetzt: eine Zigarette rauchen) – Bilder anschauen von der Natur oder von geliebten Menschen; sie auf den Schreibtisch oder zu meinem Arbeitsplatz legen. Ein solches Wegkonzentrieren von der Problemsituation hat unmittelbare Wirkung auf das Immun- und Nervensystem! Ein Glas Wasser trinken, etwas essen – einen Auszeit-Platz organisieren: ein Stuhl für mich, der mit positiven Gefühlen verbunden ist (hilfreich in der Familie, für gestresste Situationen einen bestimmten Stuhl als Regenerations-Auszeitplatz zu reservieren, sowohl für Kinder als auch für Elternteile); meine Hängematte – Dissoziations-Übungen: Bewusst aus der belastenden, bedrängenden Situation heraustreten, sich daneben stellen, anschließend (Steigerung) vom Balkon aus sehen, vom Dachfenster aus, von einem Ballon aus in 300 m Höhe, von einem Berggipfel in 3 000 m Höhe, aus dem Flugzeug in 10 000 m Höhe; und so zu üben, aus einer immer höheren Warte auf die Situation zu schauen, vergleichbar der »Vogelperspektive« – oft hilft allein schon aufstehen, ausatmen, stampfen oder wenn möglich schreien – Übung: »Dem Problem ins Auge schauen.« Dabei nehme ich mir Konfliktsituationen aus der Vergangenheit vor, überlege mir, wie ich reagieren und was ich hätte sagen können oder wollen und probiere es laut aus, mit mir selbst allein. Ich stelle mir den Augenkontakt vor und die Freiheit, meine Position ganz ruhig und mutig zu vertreten, in Worte zu fassen und laut auszudrücken.

Besonders hilfreich bei alledem ist es, wenn ich auf Erfahrungen zurückgreifen kann und mir dabei bewusst mache, dass ich es schließlich schon oft geschafft habe, Schwierigkeiten zu überwinden, innerlich Distanz aufzunehmen und mich schwierigen Situationen zu stellen und sie zu überwinden.

Impuls

1. Greifen Sie sich doch *eine* der vorgeschlagenen Übungen heraus, machen Sie Erfahrungen damit und praktizieren Sie sie in der Realität. Nur konkrete kleine Schritte verändern uns wirklich und – nach einem chinesischen Sprichwort – »auch die längste Reise beginnt mit dem ersten Schritt«.

2. Meditieren und verinnerlichen Sie probeweise einmal die Sätze, die ein Freund und Kollege von mir in einer Supervision für sich erarbeitete: »Abstand gewinnen: Ich lasse dich nicht so nah vor mir stehen, dass ich ängstlich zu dir aufschauen muss. Und: Ich *habe* jetzt dies oder jenes Gefühl, aber ich *bin* nicht dieses Gefühl! Mich abgrenzen: Deine Gefühle sind nicht meine Gefühle, deine Gedanken sind nicht meine Gedanken, deine Probleme sind nicht meine Probleme. Mein Profil zeigen: Das will ich, das will ich nicht; da schlägt mein Herz, das liegt mir am Herzen.« Modifizieren Sie bitte gegebenenfalls diese Sätze so für sich, dass sie auch wirklich zu Ihnen und Ihrer Situation passen. Finden Sie eigene Sätze, die Ihnen heilsamen Abstand schaffen und Distanz gewähren!

Weitere Distanzierungstechniken

Wir haben nun schon viele Beispiele und Möglichkeiten aufgezählt und Sie werden ausprobieren und üben können, was bei Ihnen am besten wirkt. Besonders hilfreich kann es sein, wenn Sie in Problem-, Stress- oder Konfliktsituationen innerlich in die Rolle eines »inneren Beobachters« oder einer »inneren Beobachterin« gehen. Das ist eine ganz wohl wollend-neutrale Haltung, wo Sie – gleichsam wie ein/e Reporter/in – einfach genau, nüchtern und sachlich beschreiben, was in der Situation zu sehen, zu hören oder zu fühlen ist. Es geht dabei also um den Aufbau einer »inneren Zeugen- oder Beobachtungsposition«, die auf diese Weise das womöglich von Emotionen überschwemmte Ich wirksam stärkt, herauslöst aus der Identifikation und so in eine innere Souveränität hineinführt.

Das sind Techniken, die in der indisch-tibetischen Psychologie schon vor zweieinhalbtausend Jahren entwickelt und geübt wurden, sich bei den christlichen Wüstenvätern finden bis hin zu modernen Richtungen der Tiefenpsychologie und der Psychotherapie wie etwa in der Verhaltenstherapie, Rational-Emotiven-Therapie und im NLP.

Impuls 1. Üben Sie das doch gleich bei der nächsten anstrengenden oder emotional aufwühlenden Gelegenheit, indem Sie sich ganz klar und nüchtern bewusst machen: Ich kann aus der Hitze einer Aufregung wieder herunterkommen, wieder »landen« (»cooling down«), indem ich sorgfältig beschreibe, was ist: Mein Herz rast, ich schwitze, mein Gegenüber wird lauter, wir verlassen das Thema, die Stimmen klingen schrill usw. Wenn man nämlich etwas möglichst genau beschreibt und exakt ausdrückt, ohne es dabei zu be- oder gar verurteilen, wird man dabei »cooler«, aber man verdrängt nicht. Alles ist anerkannt und präsent. So kann man sich selbst beruhigen und von einer Problematik distanzieren. Wie ein Fernseh- oder Radioreporter einfach »Zeuge sein«, ist im Grunde auch eine Meditation im Sinne von ganz präsenter »Wahrnehmung dessen, was ist«.

2. Manchmal hilft auch eine bildhafte Vorstellung: Als würde ich im Flugzeug sitzen und das Geschehene von oben betrachten aus tausend Meter Höhe oder von einem fliegenden Teppich, Heißluftballon oder einer Wolke aus, eben aus der »Vogelperspektive«. Probieren Sie es aus, ob Sie dabei ruhiger werden, klarer im Kopf und freier von Belastendem. Um dann mit neuer Kraft und größerer Gelassenheit sich den anstehenden Herausforderungen zuwenden zu können.[32]

3. Oder helfen Ihnen eher körperliche Übungen, in denen man etwas Konkretes tun kann, Übungen, wie wir sie oben bei den »Konkretionen« aufgezählt haben? Lesen Sie sie doch bitte zur genaueren Betrachtung und Vertiefung noch einmal nach und machen Sie sich diese verschiedenen Methoden und Techniken im Vollzug zu Eigen. Darüber hinaus gibt es noch weitere bewährte Wege des Übens:

4. Lösen Sie sich jeden Tag ein paar Minuten heraus aus allen Plänen, Aktivitäten, Sorgen, Pflichten und Kümmernissen und tun Sie einfach nichts. Nichts anderes als »nur« sorgfältig und mit voller Konzentration wahrnehmen, was HIER JETZT IST. Ohne Bewertung zur Kenntnis nehmen, was ich spüre, was meine Gedanken tun, was um mich herum geschieht. Nichts willkommen heißen, nichts kritisieren, nichts beeinflussen oder versuchen, vermeiden oder verdammen. Einfach da sein. Klingt einfach, aber versuchen Sie es einmal – und immer wieder, um zu erfahren, wie es ist, und um es zu einer inneren Haltung werden zu lassen.

5. Versuchen Sie in Krisensituationen sich selbst beruhigend und tröstend zuzusprechen: Ich habe jetzt diese Gefühle, aber ich bin nicht diese Gefühle. Ich habe jetzt diese Gedanken, aber ich bin nicht diese Gedanken!

Solche Übungen tragen in verschiedenen Religionen, Psychologien und Lebenshilfe-Angeboten verschiedenste Namen, sind sehr wirkungsvoll und hilfreich zur De-Eskalation von Konfliktsituationen, zum Schutz der Würde eines Menschen und zur Wiedergewinnung von Stabilität, Standfestigkeit und Überblick in schwierigen Situationen. Erik H. Erikson beschrieb es sogar als höchst wirksame Überlebenstechnik im KZ, sich zum Beobachter der Wärter und Folterer zu machen. Auf diese Weise kann man – so erfuhr er durch Bruno Bettelheim – Schutz für sich entwickeln, gerade auch in traumatisierenden Situationen.[33]

Ob es nun wiederholte »Kurzausstiege« sind, die Sie in Zukunft trainieren und praktizieren, oder ob es längere und ausführlichere Auszeiten sind: Wichtig ist vor allem, dass Sie sich diese Ausstiege selbst erlauben, sie sich innerlich genehmigen. Sie merken jetzt: »Genügend lange« (dafür steht die 40) Zeiten der Abgeschiedenheit und Klärung für sich selbst, wofür die Beispiele und Konkretionen wichtige Vorbilder sind. Und wenn die große und in Ihren Augen eigentlich nötige lange Zeit weg von allem sich nicht machen lässt, dann addieren und summieren Sie doch kurze, kleine und auch wirklich machbare Einheiten davon. Sie werden merken, wie gut es Ihnen tut. Vor allem, wenn Sie es verbinden können mit dem Erreichen oder Errichten eines Schutzraums für sich selbst, eines Ortes der Ruhe, eines Ruhepoles, wie das auch in unserer Geschichte am Ende der 40 Tage steht, als Elia eine »Höhle« erreicht. Einen sicheren Schutz-, Schon- und Erholungsraum für sich.

Rückzug: Die »Höhle«

Jeder Mensch braucht nicht nur ein bisschen Wüste, wie wir von Saint-Exupéry erfuhren, sondern auch einen sicheren und störungsfreien Rückzugsort ganz für sich allein, als »Wohlfühlplatz« und Ruheort für sich selbst. Viele Menschen sorgen sehr gut und gründlich für andere, in der Familie, im Freundes- und Bekanntenkreis, in Betrieb und Firma, am Arbeitsplatz und den damit verbundenen Aufgaben. Dabei übersehen manche allerdings leicht, dass sie mit derselben Sorgsamkeit, Achtsamkeit und Gründlichkeit auch für sich selbst und das eigene Wohlbefinden sorgen müssen, um zufrieden zu leben, gesund zu bleiben und nicht auszubrennen. Mir scheint, dass dieser wichtige Punkt einer heilsamen Selbstfürsorge und eines notwendigen Rückzugs in unserer Geschichte mit dem Bild der Höhle ausgedrückt wird, wenn es da heißt: »Er trat dort in die Höhle und übernachtete darin« (Vers 9).

Konstruktive Regression

Elia hatte also genügend Zeit und Raum, um Distanz zu gewinnen und Abstand zu bekommen. Schließlich kommt er an den Gottesberg und findet dort eine Höhle. Ist das vielleicht noch eine eigene, eine extra Qualität auf seinem Weg hindurch durch Erschöpfung, Krise, Depression und Lebensüberdruss? Ein wichtiges Element, das zu den bisherigen noch dazukommen muss, zu Körperbewegung, dem Ausdrücken von Klage, Entspannung und Schlaf, Berührung, Essen und Trinken, Begegnung, Gespräch und Zuspruch und dem heilsamen Distanzgewinnen? Er kam in eine Höhle und blieb dort über Nacht. Es könnte ja sein, dass das auch dazugehört, wenn ich erschöpft bin, mich ausgepowert fühle, müde, vielleicht fast krank und lustlos bin, nämlich wahrzunehmen: Wie kann ich jetzt nicht nur Stille und Abgeschiedenheit finden, sondern auch so etwas wie eine Höhle, einen Schutzraum, Geborgenheit. Gelegenheit, mich zurückzuziehen, wie eine Schnecke in ihr Schneckenhaus. »Höhle«, das könnte Ihr Bett zu Hause sein, wo Sie die Decke über den Kopf ziehen und sich klein machen können. Das hat tatsächlich damit zu tun, sich wieder ganz klein zu machen im Sinne einer konstruktiven Regression. Manchmal ist es ganz wichtig, dass wir uns wieder uns selber zuwenden, unserem bedürftigen »inneren Kind«, unseren schwachen und verletzten Seiten – und da muss die Welt draußen bleiben, der Rest der Welt muss »mir gestohlen bleiben«, weil ich mich vielleicht nur noch zusammenrollen und meine Ruhe haben will. Weil ich einen Ort brauche, wo ich mich wirklich ganz sicher fühlen, wo nichts an mich Forderungen stellen kann, wo ich in gutem Sinne, im Sinne des Auftankens, regredieren kann, mich zurückziehe wie ein Murmeltier in seine Höhle, wie ein Wiesel oder eine Maus in ihr Loch. Viele Tiere haben solche Höhlen, solch einen Unterschlupf, ein bergendes Nest.

Das ist auch eine Erinnerung an ein urmenschliches Bedürfnis. Paula K., Erzieherin und Großmutter, erzählt aus ihrem Kindergarten: »Nichts tun Kinder lieber als eine Höhle bauen, in allen Variationen und Formen sich ein Versteck einrichten, darin verschwinden, dann wieder hervorkommen und wieder verschwinden. Das wird nie langweilig. Meine Enkelin mit 1 1/2 Jahren tut das auch schon: Sie hat ein Tuch vor einen Verschlag gehängt und schaut dann durch ein Loch heraus. Es scheint ein Urbedürfnis zu sein, sich solche Rückzugsorte zur Sammlung und Stärkung einzurichten. In unserer Wohnung habe auch ich mir einc »heilige Ecke« im Zimmer eingerichtet mit einigen besonderen Bildern, Kerzen, Steinen und Düften. Dahin setze ich mich immer zum Meditieren. Und da hinein haben sich ungeheuer gern auch meine Kinder gelegt, wenn es ihnen schlecht ging.«

Impuls Kennen Sie das auch? Als Kinder haben viele von uns Höhlen gebaut, ein Baumhaus, ein Zelt oder ein Versteck. Wissen Sie das noch? Nehmen Sie sich doch einmal die Zeit, Erinnerungen daran in sich aufsteigen zu lassen und sich solche Erfahrungen wieder zu vergegenwärtigen.

Vielleicht weckt das Geborgenheitserinnerungen wie an den Mutterschoß. Tiefenpsychologisch mag es zu verstehen sein wie die Sehnsucht des Menschen zurück ins Paradies, zurück in den Mutterleib – die Gebärmutter war ja auch eine Höhle, in der wir die ersten Monate der Entwicklung erlebt haben.

Ganz personal

Nun weckt natürlich die Vorstellung einer Höhle bei verschiedenen Menschen ganz verschiedene Gefühle. Wenn ich Menschen danach frage, so kommen oft ganz verschiedene Antworten: Für die einen ist Höhle Inbegriff von Sammlung, Schutz, sich Verbarrikadieren, für andere ist sie schwarz und kalt und einengend, auch bedrohlich, weil man sich darin verirren und im Dunkel eng und wie eingesperrt fühlen könnte. Auch hier gilt – wie bei allen anderen großen Symbolen, die uns in der Geschichte schon begegnet sind, vom Baum, vom Engel, von der Wüste usw. –, dass sie für jeden und jede anders besetzt und anders gefüllt sind.[34] Wer zu jenen Menschen gehört, bei denen enge Räume unangenehme Gefühle und Beklemmungen auslösen, der muss für sich möglicherweise ganz andere Bilder finden und Wege suchen, um sich einen Zufluchts- und Stärkungsort zu imaginieren oder einzurichten, an dem er/sie all das bekommt, was hier mit der Symbolik der Höhle beschrieben wurde.

Wenn Elia in jener Höhle am Gottesberg Schutz findet und dort die Nacht verbringt und im vorherigen Bibelkapitel schon davon die Rede war, dass Obadja, ein anderer Prophet, je 50 verfolgte Propheten in einer Höhle versteckt, scheint in diesem Zusammenhang meines Erachtens nun eindeutig an die positive Wirkung und Verstehensweise von Höhle gedacht zu sein. Denn dort wurde die Höhle zum Zufluchtsort, zum sicheren Versteck, einem Ort des Behütens und Versorgens.

Und nicht nur Kinder haben und leben dieses Bedürfnis, auch von vielen Wissenschaftlern, Künstlern oder berühmten Persönlichkeiten ist bekannt, dass sie ihre speziellen Rückzugsorte hatten und haben: Carl Gustav Jung hatte seinen speziellen Turm am Züricher See, Rainer Maria Rilke, Hermann Hesse und Friedrich Nietzsche ihre Rückzugsorte im Engadin und im Tessin. Der Maler Ludwig Kirchner sein Berghäuschen in Davos und Vincent van Gogh seine Zufluchtsmöglichkeiten in der Südsee. Auch der Papst hat einen solchen Ort in Kastell Gandolfo und der Dalai Lama zieht sich nach jeder Weltreise – so erfuhr ich selbst bei einem Besuch in Daramsala zu meinem eigenen Bedauern, weil ich ihm da gerne begegnet wäre – für 14 Tage in die absolute Stille an einen geheimen Ort in den Bergen des Himalaja zurück. Und sicher kennen Sie selbst weitere Beispiele namhafter Persönlichkeiten oder aus Ihrem Bekanntenkreis, die deutlich machen, wie wichtig für uns solche Phasen und Rückzugsmöglichkeiten sind.

Wie gestalte ich meine Höhle?

Frau W., 65 Jahre, Mutter von fünf Söhnen, drückt jedoch auch ihre Schwierigkeit damit aus: »Ich kann es mir immer noch so schwer selbst erlauben, mich zurückzuziehen, einmal Familien-Dienst-Pause zu machen und etwas für mich zu tun. Dabei täte es mir doch so gut. Ab und zu einmal die Kraft zu haben, zu sagen: Jetzt ist es genug!« Und Frau H. S. erklärt: »Ich mag Höhlen nicht, kenne aber Zeiten, wo sie wichtig waren für mich. Als Gelegenheit zum Empfangen, mich treiben zu lassen, mich zu verbarrikadieren und in der Stille kreativ zu sein.« Martin B., Lehrer und Seminartrainer, durch Radio und Fernsehen bekannt, verrät mir nach einigem Zögern Folgendes: »Wenn ich erschöpft bin, dann brauche ich Abschottung, raus aus dem »Multitasking«, den vielerlei möglichst gleichzeitig zu erledigenden Dingen, den Telefonanrufen, Verpflichtungen zum Sozialisieren und zum Smalltalk. Dann will ich – egal ob draußen Sonnen- oder Regenwetter ist – gar nichts mehr sehen, nur bei mir sein. Keine Ratschläge, keine klugen Bücher, keine Pflichten, wenig fernsehen, nur etwas Seichtes lesen, vielleicht die Nacht zum Tage machen, ohne Ziel, ohne Grund, ohne Rechtfertigung alles oder nichts tun, nur mit mir – das ist alles, was ich dann brauche.«

Impuls Ist das etwas, was Sie schon haben, oder was Sie erst entwickeln müssten: solch einen Geborgenheitsraum? Wäre das etwas in Ihrer Wohnung, und wie würden Sie Ihren Schutzraum bauen, Ihre Höhle gestalten, damit sie Ihnen Geborgenheit gibt? Das ist eine Kreativaufgabe: Was ist da drin – was brauche ich da? Essen, Bücher, schreiben, Telefon (oder gerade nicht!), Musik, malen, trinken, Lautes oder Leises? Möchte ich einen »heiligen Schrein« gestalten? Wie kann dieser Platz für mich zu einem Kraftort werden für Stärkung und Kreativität?
Malen Sie es doch einmal oder schreiben Sie es auf: Wenn ich mir meine Höhle baue, was gehört dazu, was darf nicht fehlen? Was wäre auch noch schön, ist aber nicht notwendig? Wie kann ich es richtiggehend vorbereiten?

So wie man auch für eine Reise über die nötigen Utensilien nachdenkt und sie dann zusammenpackt. Ich selber kenne Zeiten, wenn ich sehr erschöpft bin, wenn ich von Veranstaltungen und Seminaren zurückkomme, dann brauche ich einen »Höhlentag«: Dann lasse ich die Jalousie herunter und mache – wenn es sich so einrichten lässt, weil es Wochenende ist oder ich einen freien Tag danach habe – auch am nächsten Tag die Jalousie überhaupt nicht auf. Da bleibt es dann dunkel und ich mache es mir unheimlich schön. Ich sehe zu, dass ich mir schöne Musik und einiges zum Lesen ans Bett hole, zu dem ich sonst nicht komme, das auch keinen Anspruch hat, wo aber mein Herz ein wenig mitschwingt. Oder einfach nichts tun, den ganzen Tag – kennen Sie das auch? Dass man den ganzen Tag in »schlabberigen Klamotten« bleibt oder nur im Bademantel, nach dem Motto: Ich bleibe ganz bei mir und ich brauche mich gar nicht zu zeigen, mich niemandem präsentieren und nichts repräsentieren ...

Ich fand es vielsagend und eigenartig, als ich in den USA studierte, dass man in der amerikanischen Sprache ein Wort genau dafür hat, für verschiedene Formen legitimen Rückzugs: Privacy. Wir haben eigenartigerweise im Deutschen gar kein Wort dafür. Wie sollte man das übersetzen. »I need my privacy.« – »Ich brauche meine Privatheit.« – So etwas sagt man im Deutschen nicht. In der bayerischen Umgangssprache kennen wir dafür zwar den Ausdruck: »Ich will jetzt meine Ruh'«, aber merken Sie es? Wir müssen vielleicht erst wieder lernen das zu artikulieren! Sonst ist es womöglich erst eine Krankheit, die das erzwingt. Dann *muss* man ins Bett, sich zusammenrollen und sich allen Forderungen und Ansprüchen entziehen. Dann *muss* man »Ruhe geben«. Wem »gibt« man sie eigentlich, die Ruhe – wenn wir diese sprachliche Wendung einmal genau betrachten? Man gibt die Ruhe sich selbst! Und es wäre eine heilsame Aufgabe, dies prophylaktisch zu tun, vorsorglich und rechtzeitig, damit Seele und Körper es sich nicht durch Beschwerden holen müssen. Oder damit wir es nicht auf unangenehme, gefährliche oder selbstdestruktive Weise ins Leben bekommen: Für manchen und manche ist der Alkohol solch eine Höhle oder die Tablettensucht. Spielhöllen können solche Höhlen sein, in denen man dann abschalten und alles andere vergessen kann – oder gar okkulte und sektiererische Kreise und Gemeinschaften. Besser ist es aber, sich solche Zeiten gesund, konstruktiv und positiv zu verschaffen.

Impuls

1. Suchen Sie doch bitte selbst weitere Beispiele, Vergleiche und Bilder für den Vorgang des ganz natürlichen Rückzugs im menschlichen Leben oder in der Natur – wie etwa abends das Herunterlassen der Jalousien, der Rückzug einer Schnecke in ihr Schneckenhaus, der stetige Wechsel der Gezeiten von Ebbe und Flut usw.

2. Bauen Sie sich einmal in einer Entspannungsübung einen guten Platz in Ihrem Inneren, in Ihrer Vorstellung, der für Sie Sicherheit,

Geborgenheit, Abgeschiedenheit und Zuflucht bedeutet, wo Sie Gelegenheit haben, ganz bei sich zu sein. Begeben Sie sich dazu bitte in eine Ruhesituation, schalten Sie alle Störungen von außen aus, bringen Sie Ihren Körper zur Ruhe, spüren Sie Ihrem Atem nach und stellen Sie sich vor, dass Sie sich auf den Weg machen zu einem Kraftort, einem Schutzraum oder einer Höhle, wo Sie all das finden werden, was Sie für sich selbst brauchen in Ihrer momentanen Situation. Wie ist die Umgebung dieser Höhle? Was empfinden Sie, wenn Sie sie betreten? Wie ist die Temperatur? Was ist darin zu sehen? Wie riecht es darin, was gibt es zu schmecken, zu genießen und was macht es behaglich und schön, damit Sie sich darin wohl und geborgen fühlen? Sind da Klänge, Farben, welche Formen, Düfte? Gestalten Sie in diesem Ihrem Zufluchtsort alles genau so, wie Sie es brauchen, ob Sie alleine sind oder ob da noch jemand ist. Wenn ja: Wer ist das? Und was tun Sie miteinander? Schweigen oder reden, sich berühren oder ruhen? Gestalten Sie alles so, dass es Ihrem Idealbild eines Ortes der Ruhe, der Kraft, der Sammlung und Stärkung entspricht! Und wiederholen Sie diese Übung oft, sodass es Ihnen eine Selbstverständlichkeit wird, in Ihrem Inneren jederzeit diesen Ort der Stille und der Kraft, der Stärkung und Erneuerung jederzeit – auch kurzfristig – betreten zu können. Dass Sie darin wie zu Hause sind.

3. Meditieren Sie einmal die Worte »ich bin jetzt ganz bei mir«, oder »ich bin jetzt nur noch gut zu mir« oder »ich achte jetzt gut auf mich, gehe achtsam und liebevoll mit mir um«.

4. Nehmen Sie für die folgende Übung ein Stück Ton in die Hand, schließen Sie dabei die Augen und vertiefen Sie sich einfach ins Kneten dieser Materie. Versuchen Sie ein bisschen zu genießen, dass die Erde in Ihren Händen sich formen und gestalten lässt. Machen Sie aus diesem Erdenkloß dann zunächst eine Kugel. Und nun können Sie nach einer Weile mit dem Daumen diese Kugel öffnen, durch einen »Eindruck« im wörtlichen Sinne einen Eingang herstellen, eine Öffnung, und so eine Höhle entstehen lassen. Wenn Sie wollen, können Sie daran auch noch weiterarbeiten in der Symbolik, dass Sie sich selbst so dem Licht öffnen, ihm den Weg bereiten, als

ob Sie sich in den Eingang Ihrer Lebenshöhle hineinstellen. Wenn Sie wollen, können Sie abschließend ein kleines Teelicht in die Öffnung Ihrer Kugel oder Höhle hineinstellen. Und einfach weiter ohne Wort und Inhalt diese Erfahrung meditieren.

Regression mit Ende und Ziel

Solche Zeiten des Rückzugs, der Abschottung, der Regeneration ganz in mir und mit mir allein sind unendlich wichtig: mir Zeiten einzurichten für den Körper, die Seele, den Geist, um sozusagen bei mir selber anzukommen. Sie kennen sicher diesen Ausdruck »ich bin ganz außer mir«. Manchmal bin ich ganz außer mir vor Freude, manchmal vor Ärger, manchmal vor Begeisterung, manchmal vor Schreck. Also geht es darum, wieder bei mir selbst anzukommen. Und – wie oben erwähnt – ich darf mich auch klein und schwach machen und mich ein bisschen versorgen lassen oder selbst versorgen, fürsorglich zu mir sein. »Tu dir doch nicht selber weh« heißt ein Buchtitel von Anselm Grün oder Marianne Kawohl formuliert ermutigend: »Ich gestatte mir zu leben«.[35]

Ich lerne also, mir Gutes zu tun, ich stärke mich, ich unterstütze mich und ich genieße jetzt. Dieses Tun ist eine ganz wichtige Voraussetzung, damit man einen nächsten Schritt gehen kann *hindurch* durch die Krise. Und es ist gut, sich darauf einzurichten, dass in einer solchen Zeit auch alle Gefühle kommen können und dürfen, die da kommen wollen – vielleicht auch Verdrängtes und Vergessenes, vielleicht auch Sehnsüchte und Träume und Seelenschmerz. Vielleicht auch Tränenbäche – gut, wenn man darauf vorbereitet ist. Und eine Frau erzählte mir: »Ich kann sogar das Weinen dann auch genießen, mir selbst erlauben und erleben, wie ich dann wieder wirklich zu mir komme ...« Rückzug und Regression in diesem Sinne sind gelegentlich unendlich wichtig.

Genauso wichtig ist es allerdings, auch den Weg zurück, wieder in die Begegnung, wieder in den Alltag, wieder in die Gemeinschaft, in Aktivität und Vitalität, heraus aus der Höhle zu finden! So wird es eine »Regression im Dienste des Ichs«, wie Psychologen das nennen. Viele Rituale, auch religiöse Gewohnheiten, Riten und Bräuche dienen dazu, mich wieder (ein-)zu sammeln, mein Zentrum wieder zu finden, zu beleben, mich dort wieder stark und zu Hause zu fühlen.

Und dann braucht es diesen Impuls: »Komm heraus.« Regression muss auch ein Ende haben, ein Ziel, hinführen zu einer Progression. In unserer Elia-Geschichte ist es eine Stimme, die da plötzlich zu ihm spricht, die fragt: »Was willst du hier, Elia?« (Vers 9)

Impuls Was ist es bei Ihnen, was Sie herausruft und herauslockt aus dem Loch, aus der Höhle, aus der Regression? Was kann es sein? Ist es die Stimme eines vertrauten, geliebten, vertrauenswürdigen Menschen? Oder eine aus Dichtung, Poesie, Theater oder Musik? Eine Melodie, ein Liedvers vielleicht? Ein Zitat aus den Psalmen der Bibel oder aus anderen Ihnen wertvollen Weisheitslehren der Völker? Oder eine Stimme innen? Oder was sonst?

Mir fallen die Elemente aus Schritt 4 ein, die Berührung und Begegnung mit einem »Engel«, dem Boten des Lebens, der Kraft, des neuen Sinnes, des Aufbruchs, der auch schon an dieser Stelle sagt (Schritt 6): »Steh auf« – nicht bleiben, hängen bleiben, liegen bleiben am Boden, in Lethargie und Kraftlosigkeit und Erschöpfung. Hier in der Geschichte kommt dann in Vers 11 noch das Wort hinzu: Geh hinaus, stelle dich – auf den Berg, vor Gott. Das werden wir in Schritt 10 noch eingehend betrachten.

Heraus also auch aus der Gruft meiner Rückschau, meiner Klagen, meiner Bitterkeit und Resignation vielleicht, auch aus dem Grab der Depression, Mut- und Hoffnungslosigkeit, auch raus aus Rückzug und Regression ruft diese Stimme: Heraus – und stelle dich, stelle dich auf!

Impuls Wie, wann, wodurch hören Sie diese Stimme? Sind Sie selber manchmal vielleicht auch solch eine Stimme für andere? Hören Sie auch die leisen Töne dabei?

Rück-blick und Vor-schau: Lebensbilanz und Zielformulierung

Im nächsten Schritt geschieht etwas ganz Neues und Überraschendes, es heißt (Vers 9): »Da hörte er plötzlich die Stimme Gottes: › Was willst du hier, Elia?‹ « Er bekommt einen neuen Impuls, es geschieht etwas Unerwartetes, was er nicht steuern und machen konnte. »Siehe« heißt so viel wie »Aufgepasst!« Man kann übersetzen »Was machst du hier, was tust du hier?«, aber ganz präzise muss es vom Urtext her heißen: »Was *willst* du hier, Elia?« Das scheint mir für die Bewältigung solcher Situationen eine ganz wichtige weiterführende Fragestellung und Hilfe zu sein: mir zu überlegen – gestärkt durch die Maßnahmen der Distanzaufnahme und des Rückzugs: Wie komme ich jetzt weiter? Was will ich denn? Erfahrungsgemäß schaffen wir das erst nach den genannten Stärkungsmaßnahmen – da waren ja auch der Schlaf, die liebevolle Begegnung, die Fürsorglichkeit, die Erfahrung von Zuwendung und Zuspruch. Oft können wir uns *erst dann* dieser entscheidenden Frage zuwenden, die wir uns immer wieder neu zu stellen haben: Was ist meine innere Ausrichtung, was ist mein Wunsch, was ist mein Ziel? Vielleicht ist genau das etwas, was in unserem Alltagstrubel und in unserem vollen Terminkalenderleben manchmal ein bisschen zu kurz kommt, nämlich uns zu überlegen: Was will ich eigentlich? Zeiten von Angeschlagenheit oder von Krankheit sind da manchmal Gelegenheiten, wo wir auf solche Fragen gestoßen werden – unfreiwillig. Man macht sich sonst ja manchmal nicht die Mühe, darüber nachzudenken, oder es begegnet einem ohne eine »Flaute«, Erschöpfung oder Niedergeschlagenheit diese Frage nicht: Was soll das alles? Was will ich eigentlich machen mit meinem Leben? Wie soll es denn weitergehen? Was brauche und was will ich?

Nach dem, was ich oft von Menschen höre, sind es meistens Krisenzeiten, wo vielleicht das ganze Lebenskonzept durcheinander geschüttelt, in Frage gestellt wird und ins Wanken gerät, wo sich Menschen dann diesen Fragen stellen. Oft geschieht dies tatsächlich auf dem Krankenbett. Aber es jetzt, beim Lesen dieses Buches, gleich zu tun, wäre eine viel günstigere Gelegenheit, weil wir hier gewissermaßen in einem geschützten Raum, sozusagen ein bisschen wie in der Höhle und wie in der Wüste, unerreichbar für die »Welt da draußen« sind.

Es gibt eine Heilungsgeschichte im Neuen Testament (Markus 10, 46–52), in der Jesus einem Blinden begegnet. Der hatte um Hilfe gerufen: »Hab Erbarmen mit mir!« Und dann wird dieser Blinde zu ihm geführt und eigenartigerweise fragt ihn Jesus: »Was willst du, dass ich dir tun soll?« Ich habe viel darüber nachgedacht: Wie kommt das? Es ist doch augenscheinlich, was der Blinde braucht. Man könnte denken: Das weiß man doch – wenn da ein Blinder um Hilfe schreit. Aber weiß man wirklich, was er will? Jesus macht uns an dieser Stelle vor, wie wirkliches Helfen geht: Dass nicht *ich* meine zu wissen, was der andere braucht, sondern dass ich offen bin dafür, dass der *andere* mir von sich aus erklärt, was er braucht. Denn vielleicht will er ja auch ein Almosen, vielleicht bloß eine Spende oder ein wenig Zuspruch oder Zuwendung. Jesus jedenfalls fordert ihn auf, selbst über die Lippen zu bringen und auszudrücken, was er möchte. Das ist in jener Geschichte ein wichtiger Heilungsschritt.[36] Und hier auf dem Weg hindurch und hinaus aus seiner Krise bekommt Elia also ganz genauso diese Frage gestellt und damit eine Chance zur Zielklärung: Was willst du?

Impuls Fassen Sie doch heute einmal den Mut, sich selbst diesen vielleicht gar nicht so angenehmen, aber wichtigen Fragen zu stellen: Was will ich im Leben? Wonach sehne ich mich? Was brauche ich? Was fehlt mir? Wohin geht meine Suche? Was sind meine Träume und Ziele?

Der Prozess der Zielerreichung

Vielleicht sind Sie, als Sie klein waren, wenig gefragt worden, was Sie wollen. Dabei ist es im Sinne eines gesunden Selbstmanagements ganz selbstverständlich und notwendig, sich gelegentlich darüber klar zu werden und zu schauen: Wo stehe ich zur Zeit? – Das wäre die Feststellung des »Ist-Zustandes« – und zu überlegen: Wo will ich hin? – Das wäre die Formulierung des »Soll-Zustandes«. In Betrieben, in Firmen, in Geschäften macht man jedes Jahr Inventur. Und es wird Bilanz gezogen und eine Klärung herbeigeführt: Was hat dieses Jahr gebracht und wie soll es weitergehen? Das ist eine wesentliche Managementaufgabe, dass man sich klar macht: Wofür haben wir investiert? Wollen wir so weitermachen oder wohin werden wir in Zukunft neu oder anders investieren? Dazu muss man für sich wissen: Wo will mein Unternehmen hin? Aber etwas, was für Unternehmen, für kleine, mittlere und große Betriebe wirtschaftlich sinnvoll und überlebensnotwendig ist, das könnte schließlich genauso für uns Menschen gelten nach dem Motto: Ich bin selbst wie ein kleines Unternehmen, das immer wieder Zeit braucht, um herauszufinden: Was will ich eigentlich? Eine Kollegin von mir, die als Management-Trainerin in Wirtschaft und Industrie arbeitet, sagte einmal zu mir: »Hans Gerhard, ich habe mir angewöhnt, eine solche Rückschau und Zieleklärung jedes Jahr um die Jahreswende herum zu machen. Das nenne ich meine persönliche Bilanz.«

Und ich selber mache seit vielen Jahren in der Silvesternacht meinen Rückblick auf das vergangene Jahr in den verschiedenen Lebensbereichen: Was war da gewesen im Beruf, in der Familie und in Beziehungen, mit der Gesundheit, im kreativen Bereich und mit speziellen Unternehmungen, Aktivitäten oder Krisen. Ich mache dann Spalten für die verschiedenen Lebensaspekte und gehe die verschiedenen Monate durch: Was hat mir dieses Jahr gebracht? Um dann auch zu überlegen: Gibt es bestimmte Vorhaben, bestimmte Ziele für das nächste Jahr oder für die nächsten Jahre?[37]

Impuls

1. Haben Sie schon Erfahrung mit klarer Zielsetzung und Zielformulierung? Sonst fangen Sie doch jetzt damit an, denn die Formulierung oder die Vision klarer Ziele ist die Voraussetzung zielstrebiger Schritte, geplanten Verhaltens und bewusster Aktionen – und damit einer konstruktiven Veränderung im Leben. Wir unterscheiden dabei zunächst:

Berufliche Ziele

- Stellensicherung
- Arbeitsmotivation
- Arbeitseffektivität
- Gehalt
- persönliche Anerkennung
- Selbstverwirklichung
- Fort- und Weiterbildung
- usw.

Private Ziele

- familiäre Ziele/Beziehungen
- soziale Kontakte/Freundschaften
- Gesundheit/Sport
- Freizeit/Urlaub
- Hobbys
- Harmonie von Körper, Seele, Geist und Herz
- innere Weiterentwicklung usw.

Nehmen Sie sich ruhig die Zeit und die Muse, dies einmal genau in Worte zu fassen und auszudrücken für sich und Ihre Situation!

2. Als nächsten Schritt unterscheiden Sie bitte kurz-, mittel- und langfristige Ziele. Als kurzfristig können Sie dabei Ziele betrachten, die Sie in den nächsten 5–6 Monaten erreichen möchten, als mittelfristig solche, die Sie in einem Jahr und als langfristig jene, die Sie in 3–5 Jahren erreichen möchten. Sie können Ihre Ziele nun in eine Matrix eintragen, die zwei Spalten hat: »berufliche Ziele/private Ziele«, und drei Zeilenblöcke mit »kurz-, mittel- und langfristigen Zielen«.

3. Nun geht es darum, Ziele richtig zu formulieren! Richtig formulierte Ziele erkennen Sie daran, dass

- formuliert ist, *was* (und noch nicht wie es) erreicht werden soll,
- eine verantwortliche Person genannt ist (*wer*),
- ein Termin genannt ist (bis zum ... ist ... erreicht) (*wann*),
- das Erreichen überprüfbar, mess- oder beobachtbar ist,
- eventuell Randbedingungen genannt sind (z.B. maximale Investitionen, zu vermeidende negative Konsequenzen) und Lösungen für voraussehbare Schwierigkeiten und Probleme.

4. Als nächsten Schritt brauchen Sie noch die Unterscheidung Ihrer Ziele und die zu Ihrer Erreichung nötigen Schritte und Maßnahmen.

Ziel:

- Wohin will ich? Was will ich erreichen? Was vermeiden?
- Welchen Endzustand strebe ich an?
- Wann will ich es erreicht haben?

- Welche Randbedingungen muss ich respektieren, mit welchen Schwierigkeiten rechnen?

Maßnahmen: Konkrete einzelne Etappen, Schritte und Stufen

- Wie komme ich da hin?
- Welche Unterstützung/Mittel brauche ich dabei?
- Was muss ich im Einzelnen tun, um das Ziel zu erreichen?
- Wer oder was kann mir zur Erreichung hilfreich sein oder als Modell dienen?

5. Nicht zu vergessen ist nun, dass jede Zielerreichung immer ein Prozess ist, ein Weg. Prozess kommt aus dem Lateinischen von »procedere« und heißt »vorwärts gehen«. Und jeder Weg lässt sich in Schritte unterteilen. Genauso lässt sich die Erreichung großer Ziele in Etappen unterteilen und damit Zielerreichung strukturieren. Das sind auch Hilfen zur jeweiligen Belohnung, Bestätigung und Neumotivierung. Überlegen Sie sich also Markierungspunkte und Meilensteine, die Ihnen auf dem Weg zur Zielerreichung helfen. Was werden Sie an solchen Stellen für sich einplanen als Selbstanerkennung und Selbstbelohnung? Benennen Sie auch das am besten schon im Voraus, um sich auf diese Weise zur Erreichung eines Etappenzieles selbst zu aktivieren, neu zu motivieren und positiv zu verstärken!

Wie ist es Ihnen denn nun ergangen mit diesen vielen Aufgaben und Fragen? Wenn ich in Gruppen, in Einzelgesprächen oder in der Supervision so etwas anrege, kommen ganz unterschiedliche Reaktionen. Manche betonen, wie ungewohnt das sei: »So etwas habe ich mir im Grunde noch nie überlegt. Man kann sein Leben doch nicht in dieser Weise planen und steuern. Im Übrigen habe ich, wenn ich darüber nachdenke, viel zu viele Wünsche, Ziele und Vorstellungen – oder aber es ist alles neblig.« Oder: »Im Prozess des Lebens muss ich manchmal meine Ziele auch ändern und umformulieren. Sie dürfen nicht starr, sondern müssen flexibel bleiben. Bei einer Wanderung zum Beispiel mache ich das auch so, dass ich mich, wenn es zu regnen beginnt, umorientiere.« »Wichtig ist mir vor allem die Aufteilung in Etappenziele, in machbare Unter-Einheiten. Wenn ich dann ein Teil- oder Zwischenziel erreicht habe, bekomme ich auch immer wieder neuen Schwung.« »Man muss Ziele auch ›niedrig genug‹ setzen, damit sie wirklich erreichbar werden, denn wenn man sich ›zu hohe Ziele‹ steckt, kann man sich auch permanent und systematisch selbst entmutigen.« »Ich sehe Ziele als Motivation, wie einen Motor, der mich in Bewegung bringt, aber auch als eine Gefahr, wenn sie zu streng und dominant werden. Wenn ich nur noch stur auf mein Ziel aus bin, dem alles andere opfere und unterordne, dann ist das vielleicht auch nicht mehr beziehungs-, genuss- oder lebensgemäß.« Andere jedoch klagen: »Ich habe gar keine Ziele mehr, keine Erwartungen und Visionen – ich werde gelebt, richte mich immer nur nach den Anforderungen und nach den anderen. Was ich für mich brauche und will, weiß ich gar nicht oder habe ich mir abgeschminkt.«

Daher ist für einen Neuanfang diese mühevolle aber ertragreiche Übung der oben genannten Impulse so wichtig! Und nicht vergessen: Wir müssen auch immer den Gegenwert achten im Sinne von »das Gegenteil ist auch wahr« (Hermann Hesse): Es gibt eine alte chinesische Weisheit, die besagt: Der Weg ist das Ziel. Vergessen Sie dieses bitte nicht bei all unseren Überlegungen. Im Wege selber liegt das Ziel, jeder Schritt ist wichtig, jede Etappe ein wesentlicher Teil des Ganzen. Sonst laufen wir Gefahr, durch die Fixierung auf ein Ziel neuen Stress aufzubauen und die kleinen Freuden »am Wege« zu übersehen.

Rückschau und Lebensbilanz

Im Folgenden fällt mir auf, dass Elia, als er dann antwortet, noch einmal seine ganze Lebens- und Leidensgeschichte erzählt. Gott hatte ihn gefragt: »Was machst du hier, was willst du hier, Elia?« Und Elia erwidert (Vers 10, wörtlich wiederholt in Vers 14): »Ich habe mich leidenschaftlich für dich, den Gott Israels und der ganzen Welt, eingesetzt; denn die Leute von Israel haben den Bund gebrochen, den du mit ihnen geschlossen hast; sie haben deine Altäre niedergerissen und deine Propheten umgebracht. Ich allein bin übrig geblieben und nun wollen sie auch mich noch töten.«

Jetzt kommt also noch einmal ein Stückchen Klage, Hinschauen auf das bisherige Leben. Und vielleicht gibt es da ja auch psychologisch einen Zusammenhang, dass ich Ziele nur in dem Zusammenhang für mich klarer erkennen und benennen kann, indem ich noch einmal genau hinschaue auf mein Leben und Bilanz ziehe. Es ist wie eine Präsentation sich selbst und Gott gegenüber: »Schau, das bringe ich mit, da stehe ich. Ich habe so viel eingesetzt. Ich habe mich verausgabt, ich habe alles gegeben, was ich konnte, meine ganze Leidenschaft.«

Wir haben im zweiten Schritt ja bereits angesprochen, wie wichtig auch die Klage ist, das Ausdrücken dessen, was mich quält und was mir fehlt, so wie Elia es schon unter dem Baum getan hat. Hier tut er es aber tatsächlich noch einmal. Deshalb empfinde ich dies auch als eine Besonderheit, denn der Text ist so aufgebaut, dass diese kurze Sequenz zweimal vorkommt, in Vers 10 und in Vers 14 noch einmal. Vielleicht ist das auch als Anregung für uns zu verstehen, uns diese Fragen auch immer neu zu stellen.

Impuls Welcher Mensch bin ich? Was ist meine Leidenschaft? Was ist auch meine Verletzung und Enttäuschung? Welche Werte und Motive haben mich angetrieben und so weit gebracht, wie ich jetzt gekommen bin? Was habe ich dabei erreicht? Was kam heraus? Was ist das Ergebnis – zum Freuen? Was aber war auch der Preis?

Diagnose und Analyse

Es ist letztlich aber nicht nur Klagen, was Elia hier tut, es ist im Grunde eine Analyse. Er betrachtet sich und seine Beteiligung, seine Leidenschaft, die Gesamtsituation, und wo sie ihn hingebracht hat. Wenn man etwas verändern will, braucht man schließlich zunächst eine genaue Situationsbeschreibung und Analyse des Gegebenen. So wie auch in der Medizin erst eine genaue Diagnose Voraussetzungen dafür schafft, dass man notwendige und heilsame therapeutische Schritte einleiten kann.

Gerade beim Ausgebranntsein ist Folgendes immer sehr wichtig:

Impuls Wie bin ich denn da hineingeraten, was lässt mich denn so leicht »entflammen«, brennen für eine Idee oder eine Sache? Und dann möglicherweise aber auch aus-brennen? Und an der Kerze, die abbrennt, sehen wir, wie gefährlich das ist, weil man dabei sich selbst aus dem Auge verlieren oder gar zerstören kann. Daher muss ich zunächst genau in Augenschein nehmen: Wie ist die Lage? (Bei Elia zum Beispiel gibt es viel Feindschaft und Ablehnung.) Was ist meine Beteiligung daran? Meine Verantwortung, mein Totaleinsatz (meine »Leidenschaft«), und welche Folgen hat das? Was bringt mir das ein? (Elia konstatiert Einsamkeit.) Was kann man dagegen tun?

Wenn die Analyse gemacht, eine gründliche Untersuchung erfolgt ist, dann können Schritte klar werden für eine wirksame Therapie. Oder wie in einer Autowerkstatt: Erst werden die Störungen und der Schaden genau inspiziert und bestimmt, dann können Maßnahmen eingeleitet werden zur Veränderung. Denn der Fokus für die Ausgebrannten und Erschöpften liegt schließlich in der Frage:

Impuls Wie kann ich es in Zukunft verhindern, mich zu überfordern, zu überengagieren und auszubrennen? Wo muss ich besser auf mich Acht geben? Was kann ich in Zukunft dagegen tun? Wie kann ich Vorsorge treffen – rechtzeitig?

Von »Leidenschaft« ist bei Elia die Rede. Sind Sie auch jemand, der mit Leidenschaft in der Arbeit, im Dienst oder in der Familie, im Freundeskreis oder im Ehrenamt sich einsetzt oder gar verbrennt? Die Kerze, die sich verzehrt im Dienst: Besonders in religiösen, kirchlichen und caritativ-diakonischen Kreisen ist dieses Bild verbreitet. Manche empfinden sich sogar wie eine Kerze, die oben und unten gleichzeitig angezündet ist. Das Ungute am Modell der Kerze ist, dass sie sich im *Leuchten* selbst verzehrt und zerstört.[38]

So also hatte er gelebt, dieser kämpferische Mensch, und drückt noch einmal aus, was ihn quält, was ihn bedrängt, wie es in ihm ausschaut. Und er zieht Bilanz: Wofür habe ich investiert? Allein bin ich, einsam – übrig geblieben. Aber so hält er sein Leben ins Licht des Bewusstseins und ins Licht Gottes, um Klarheit zu bekommen, um Licht in seine Wünsche und Vorstellungen und Perspektiven hineinzubringen.

Ich halte meine Seele in die Sonne

Vor vielen Jahren bekam ich ein Kalenderblatt geschenkt, auf dem eine Geschichte stand aus Afrika. Dort dauern Gottesdienste stundenlang. Und nach Stunden war ein solcher Gottesdienst zu Ende und ein Mann war vorne im Altarraum geblieben, saß dort zusammengekauert, hielt seine beiden Hände mit den Handflächen nach oben wie eine Schale vor sich hin und blieb. Der Missionar dachte schon: »Warum geht er nicht heim?« Aber jener Mann saß zufrieden da und sah ganz und gar glücklich aus. Schließlich geht der Missionar hin, als es ihm zu lang wird, und fragt: »Was machst du denn eigentlich dauernd hier?« Da wendet der Mann sein Gesicht zu ihm hoch und sagt strahlend zu ihm: »Ich halte meine Seele in die Sonne ...«

Ist das nicht ein wunderschöner Ausdruck für Selbstreflexion, Rückschau und Lebensbilanz, aber auch für Beten und Meditation? Hinweis auch für uns: Halte deine Seele ab und zu in die Sonne! Sozusagen ins Licht des Bewusstseins, der klärenden Vernunft, wenn Sie es nicht in einer speziellen religiösen Tradition lesen oder hören. Und wer es von einem Glaubenshintergrund her sieht, für den oder die ist es das Hinhalten und Ausbreiten seines Lebens vor sich selbst und vor Gott. »Ich halte meine Seele in die Sonne.« Dieser Satz ist dann jahrelang mit mir gegangen, ich habe ihn geliebt und gelebt – und dann habe ich irgendwann einen zweiten Satz dazu gefunden: »Ich halte mein Leben ins Licht.« Und wieder einige Jahre später ist in mir eine Melodie entstanden zu diesen beiden Sätzen. Nun kann man das auch singen:

Text und Melodie: Hans Gerhard Behringer

Bei aller notwendigen Rückschau, wie wir sie nun gehalten haben, bleibt dennoch die Frage offen: Wo will ich denn jetzt hin? Aber dieser Rück-Schritt gehört mit dazu, damit ich mir selbst noch einmal ganz genau klar machen kann: Wo stehe ich jetzt gerade? Und ich erkenne vielleicht: Dies oder jenes kann so bleiben, wie es ist. Das ist ja auch ein wunderbares Ergebnis, festzustellen: Dieses und jenes will ich so beibehalten. Wenn mir aber die Notwendigkeit von Veränderung klar wird: Wo will ich hin? Welches ist mein Sollzustand, die Richtung der Veränderung?

Brennpunkte einer Ellipse

Diese beiden Blickrichtungen miteinander zu *verbinden*, erscheint mir extrem wichtig. Es geht um *Rückschau und Vorausschau*. Es geht um Bilanz und Ziele, um Regression und Progression. Oft bleiben Menschen in der Klage stecken, bleiben – im Bild unserer Geschichte gesprochen – liegen unter dem Ginster/Wacholderbaum oder hängen in der Höhle, sind fixiert auf das Bejammern und Beklagen des Gewesenen. Aber so wichtig und berechtigt das ist – wir haben das gebührend betont –, so ist es für die Bewältigung einer Krise doch ungeheuer bedeutsam, nicht auf Dauer dabei stehen zu bleiben, sondern sozusagen die Höhle der Regression wieder zu verlassen und weiterzugehen, hineinzugehen in den Bereich der Vorausschau, den Blick auf Veränderung und Neuorientierung zu richten. Beides ist notwendig wie die zwei Brennpunkte einer Ellipse. Und dennoch scheint mir die Progression letztlich den Schwerpunkt zu bekommen, die Herausforderung an mein Ich, um mir klar zu werden: Was machst du und was willst du?

Denn die nun noch folgenden drei Schritte sind Schritte nach vorne: Zunächst kommt es zu einer Änderung im Gottesverständnis und im Wertesystem Elias und zu den Folgen, die das jeweils hat. Dann geht es um die Übung der Stille: Stabilisierung und innerlich neuen Halt zu finden, und schließlich geht es um die Bedeutung von Gemeinschaft und Delegation: Ich bin nicht allein, es gibt Hilfen und Menschen an meiner Seite. Oder anders ausgedrückt: Gott gibt ihm neue Ziele:

1. Geh' heraus aus deiner Höhle! (Auch hierin begegnet uns wieder beides: hineinzugehen ist wichtig, wieder hinauszugehen aber ebenso. Das ist ähnlich wie bei den Auferstehungsberichten in Matthäus 28 und Markus 16, wenn die Frauen, die zum Grab gekommen waren, aufgefordert werden, von dort wegzugehen und das Grab zu verlassen.)
2. Er soll salben und segnen und so die Politik organisieren, und
3. er soll jemanden für *sich* salben, als Partner und als Stellvertreter zu seiner Entlastung.

All dieses ist nach vorne gerichtet im Sinne neuer Perspektiven.

Wandel der Gotteserkenntnis und des Wertesystems

Neue Perspektiven und seelische Veränderungen, die sich dann auch äußerlich zeigen in einem veränderten Verhalten, setzen zunächst viele innere Prozesse, Einsichten und Umbrüche voraus. Oft braucht es viel, bis es zu einer Wandlung innerer Einstellungen und Wertesysteme kommt, bis wir zu einer Neuausrichtung und Neuorientierung fähig werden. Denn unsere grundlegenden Werte, Normen, Überzeugungen und Ideale haben sich schließlich jahrzehntelang entwickelt und uns oft tief greifend geprägt.

Fordernde Ideale und antreibende Wertesysteme

Ausgebrannte, erschöpfte, an ihrer Gründlichkeit und Totalität sich verzehrende Menschen leiden sehr oft daran, dass sie alles mit vollem Einsatz tun, bis zur Leistungs- und Kräftegrenze – angetrieben häufig von strengen Vorstellungen, harten inneren Forderungen und Programmen: Du musst es immer allen recht machen – nur keine Schwäche zeigen – sei tapfer – mach es dir nicht zu einfach – nur das Beste ist gut genug – nur nicht weichlich sein, schon gar kein »Weichei« – Gefühle muss man beherrschen, schlucken, kontrollieren, nur ja nicht beachten – sei perfekt – sei schnell, nicht so langsam –

sei immer erfolgreich – lass dir nichts gefallen – oder aber: halte den Mund und schweige – halte dich besser raus – oder: du musst immer Recht haben – gestehe nie einen Fehler, einen Makel oder gar eine Schuld ein – sei stark – sei ein Mann/stehe deine Frau ... Und wie solche Antreiber- und Lebensprogramme alle heißen können.

Das kann einen fertig machen! So wird ausbeuterische Rücksichtslosigkeit, Seelenlosigkeit und Härte sich selbst und anderen gegenüber für viele Menschen in der Tat zur zweiten Natur. Vor 70–80 Jahren im Dritten Reich waren es ähnliche Ideale, die propagiert wurden: Adolf Hitler wollte, dass seine Deutschen »flink wie die Windhunde, hart wie Krupp-Stahl, zäh wie Leder« sein sollen, alles Schwache, Behinderte und Fremde, alles »lebensunwert« scheinende Leben wurde ausgemerzt. Aber auch Japan, die USA, China, die Sowjetunion und viele andere Ideologien, Staaten und diktatorische Systeme haben solch gefühls- und seelenlose, menschenverachtende Ideale hervorgebracht.

Impuls Hören Sie ein Echo im Inneren? Erkennen Sie Antreiber und Stärke- und Durchhalteparolen Ihres Lebens, Ihrer Erziehung wieder? Erkennen ist der erste Schritt zu einer Distanzierung, einer Des-Identifizierung, das heißt zu dem Weg, eine neue Lebensweise zu wagen, statt sich weiter mit der gewohnten Härte sich selbst und anderen gegenüber zu identifizieren.

Auch Elia war so einer gewesen. Sein Antreiber war sein damaliges Verständnis von Gott. Sein ideales Wertesystem hatte ihn geprägt und im Feuereifer für seine Sichtweisen und Glaubensanschauungen in diese Lage gebracht. Lassen Sie uns nun sehen, wie dies veränderbar ist:

Als Nächstes bekommt Elia nun gesagt: »Komm heraus und stelle dich auf den Berg!« Und dort hat er eine ganz neue, ganz andere Begegnung mit Gott, als er sie bisher kannte. Aber dazu musste er – wie wir oben am Ende von Schritt 8 schon erkannten – herauskommen aus seiner Höhle im Sinne von: Geh mal, jetzt kommt nämlich etwas Neues. Geh mal heraus aus dem Raum, in den du dich – natürlich ganz wichtig – schützend und bergend zurückgezogen hast. In dem du dich dann auch sicher gefühlt hast und zur Ruhe kommen konntest. Komm heraus und öffne dich für etwas Neues. So hat in einer neutestamentlichen Geschichte Jesus den Lazarus gerufen, einen, der auch ganz erledigt war, der tot war und sich in einer ganz anderen Höhle befand, nämlich schon im Grab. Solche »kleinen Tode« kennen wir auch, nicht wahr? Diesen Toten ruft Jesus und sagt: »Lazarus, komm heraus!« Da kann es für unser Leben, wenn es zwischenzeitlich tot, leblos und »gruftig« geworden ist und wir uns gar nicht mehr heraussehen und die Höhle sozusagen kein Ende nimmt, auch hilfreich sein, wenn ein solcher Ruf kommt.[39]

Impuls Kennen Sie diese Stimme in Ihrem Leben, dass etwas, jemand oder Ereignisse oder Impulse Sie ermutigen? Und Sie auf irgendwelche Weise der Ruf des Lebens erreicht und berührt und zu Ihnen sagt: Komm heraus. Sind es dann Menschen, Geschehnisse, Widerfahrnisse – oder vielleicht ein Stück Melodie oder ein Zitat oder ein anderer Mensch? Oder was sonst?

Eine neue Haltung

»Geh hinaus und stelle dich auf den Berg vor Gott hin« (Vers 11) ist noch einmal etwas ganz anderes – besonders in Hinblick auf eine *Gottesbegegnung* –, als etwa sich hinzuwerfen, wie das in diesem Kulturraum eigentlich geläufig, vertraut und üblich war. Als Ezechiel/Hesekiel eine erste Begegnung, seine Berufungsbegegnung mit Gott hat, da wirft er sich automatisch hin, mit dem Bauch auf die Erde in den Staub, so automatisch, wie wir es vielleicht auch gelernt haben. Weithin sind wir in der Erziehung darauf getrimmt worden, uns vor Gott genauso wie vor Autoritätspersonen klein zu machen, uns zu verneigen, in Anstand und Ehrfurcht. Oder aber uns gleich zu unterwerfen, unter den, der dann »Herr« heißt – und »Herr« löst dann auch Erinnerungen aus an Herrschaft und Knechtschaft und solche Beziehungs- und Machtverhältnisse. Viele Menschen sind in unserer Zeit noch immer geprägt von traditionell-autoritären Vorstellungen und gestalten ihre Gottesbeziehung in der Sprache und im Verhalten so, als würde ein Untertan seinem Fürsten begegnen. »Besitzer und Verwalter«, »König und Untertan«, »Pantokrator und Geschöpfe«, »Richter und Angeklagter« sind Beziehungsbilder, die die Glaubensansichten vieler Menschen prägen, weil sie es so in ihrer Erziehung gehört haben. Viele Gebete reden auch heute noch Gott so an, wie früher ein König oder Kaiser anzureden war, wenn man ihm etwas mitzuteilen hatte oder etwas von ihm wollte, in Verbindung mit den notwendigen Titeln und Ehrenbezeichnungen. In Gottesdiensten heißt das dann zum Beispiel so: »Allmächtiger Gott, barmherziger Vater ... der du lebest und regierest von Ewigkeit zu Ewigkeit!«, oder »der du die Welt geschaffen hast ... und uns alle vor deinen Richterstuhl stellen wirst«.

Dem entspräche dann die Haltung, sich klein zu machen und zu unterwerfen, aber auch Ezechiel wird in seiner oben erwähnten Gotteserscheinung (Ezechiel/Hesekiel 2,1f.) zu einer ganz anderen Haltung ermutigt: »Stehe auf, stelle dich auf deine Füße!« Ebenso wie Elia: Stelle dich aufrecht hin vor deinen Gott, wenn er jetzt an dir »vorüberziehen« wird.

Der »ganz andere« Gott

Im Folgenden erfährt Elia Gott, die Quelle und den Urgrund des Lebens, ganz anders, als er ihn bisher kannte. Manchmal ist es so, dass wir gerade in schwierigen Situationen dies ganz notwendig brauchen: Eine Veränderung unseres Bewusstseins, eine Neubelebung, einen Wandel unserer bisherigen Vorstellungen darüber, wie das mit dem Glauben, mit Gott und dem Leben überhaupt ist. So etwas erlebt Elia hier nämlich. Es heißt: Dann kam ein großer Sturm, dann ein großes Erdbeben und schließlich ein großes Feuer. Dazu muss man wissen, dass dies die drei Urelemente für den Glauben des jüdischen Volkes waren, ganz typische und sozusagen unverwechselbare Merkmale einer Gotteserscheinung. So war es überliefert worden. Jahrhundertelang wussten die Menschen jener Zeit: Als Gott damals am Gottesberg erschienen ist (nach dem Bericht von Exodus/2. Mose 19), da war das verbunden mit Sturm, Erdbeben und Feuer. Das »kannte« man sozusagen »aus der Bibel«. Man wusste also aus der Glaubensgeschichte: Wenn diese Elemente da sind, *dann und so* ist Gott anwesend. Wenn da Feuer, Sturm und Erdbeben kommen, diese ganz elementaren, auch erschütternden und uns tief ergreifenden Ereignisse, dann kannst du Gott erleben. So war es am Gottesberg geschehen (Sinai und Horeb sind in der Tradition miteinander verbunden worden). Diese drei Elemente waren damals sozusagen *Erkennungsmerkmale*, fast wie Qualitätsmerkmale: Wenn Gott am Wirken ist, dann zeigt sich das so. Das hatte Elia natürlich auch so gehört, so gelernt, er war sozusagen damit aufgewachsen: Wenn Gott erscheint, dann zeigt er sich so.

Impuls Vielleicht schauen Sie ja an dieser Stelle einmal in sich selbst nach mit der Frage: Wie bin ich denn angeleitet worden und hineingeführt worden in die Welt des Glaubens? Was hat man mir erzählt, wie Gott sei? War das anders? War das zarter? Sanfter, oder war das so ähnlich wie in den beschriebenen strengen, autoritären Traditionen, auf das Innen- und Seelenleben übertragen? Dass Gott sei wie ein Erdbeben, das uns erschüttert und durcheinander bringt. Was haben Ihnen die Menschen erzählt, Eltern oder Lehrer oder Pfarrer/Priester, wie das mit Gottes Willen ist und woran man erkennt: Das ist das Wirken Gottes? Ist es Ihnen vermittelt worden als eine liebevolle, wärmende, bergende Geschichte? Oder gehören Sie zu jenen, denen Gott nahe gebracht wurde eigentlich wie ein Aufpasser? Ein strenger Wächter, Richter und Rächer? Wo Eltern, Erzieher und Machthaber sozusagen nur ihren Arm verlängert haben, ihre Befehlsgewalt und ihre Autorität dadurch erweitert, dass sie sagen konnten: »Weißt du, was ich nicht sehen kann, das sieht aber Gott.«

Vor einiger Zeit haben wir in einem von mir angebotenen Seminar, »Gottesbild im Wandel unseres Lebens«, unsere Vorstellungen gezeichnet und ein Teilnehmer hat einen riesengroßen, streng aufgerichteten Zeigefinger gemalt. So sei das mit Gott für ihn gewesen in seiner Kindheit und Jugendzeit. Eine andere hat ein riesengroßes Auge gemalt, dieses Auge, das wie eine unbestechliche Kamera immer wieder zuschaut und alles aufnimmt. Jemand anders malte gar einen riesengroßen Gefängniszaun mit Türmen, wie eines jener berüchtigten Gulags oder wie bei einem KZ, und drückte darin die Gefühle seiner frühen Gotteserfahrung aus. Aus der Psychotherapie weiß ich das von vielen Leuten, die Bilder von Gott in sich tragen, die ihnen auf Dauer gar nicht gut getan haben. Im Gegenteil, bei manchen hat eine solche Art religiöser Erziehung großen seelischen Schaden angerichtet. Sie sind dadurch niedergemacht, klein gemacht und seelisch schwer verletzt worden.[40]

Als sei Gott wie ein griesgrämiger Buchhalter oder Detektiv, der dauernd hinter unseren Sünden her ist. Oder als sei er jemand, der mit meinen Schwächen und meinen Schattenseiten nichts anfangen kann, weil er immer nur argwöhnisch auf meine Fehler oder auf meine Sünden schaut – und als sei er nicht einer, der weiß, dass das natürlich alles zu unserem Leben dazugehört und dass es gerade deswegen die »froh machende Botschaft« von der Vergebung und vom Leben gibt, die uns immer neu ermutigt und immer wieder einen neuen Anfang anbietet. Das ist doch eigentlich die »Botschaft von der Freude« (so heißt das Wort Evangelium ursprünglich wörtlich übersetzt), dass ich immer wieder neu anfangen darf und mich vom Urgrund des Lebens grundsätzlich geliebt, anerkannt und in allem angenommen weiß. Sodass es, wenn ich mich verfehle und Dinge falsch mache, keine Katastrophe ist. Die Managementtrainerin Vera F. Birkenbiehl drückt das immer so aus: »Fehler sind zum Lernen da.« Das ist ein neues Lebensmotto.

Oder war Ihr Gott jemand, der sofort argwöhnisch wird, wenn es Ihnen schlecht geht, weil Sie immer aktiv, immer »gut drauf« sein müssen? Es gibt Menschen, die werden wie mit Peitschenhieben angetrieben, weil sie denken, sie müssten immer fröhlich sein. Es gibt sogar christliche Lieder, in denen es heißt, da scheine immer die Sonne, wenn man glaubt. Denn »Gottes Liebe ist wie die Sonne, sie ist immer und überall da«. Sollte ich also »denn nicht fröhlich sein«? Dann hätten

Traurigkeit, Verzagtheit, Niedergeschlagenheit und Depression keinen Platz bei solch einem Gott. Oder wenn Sie einen Gott nahe gebracht bekommen haben, der nur beim Gelingenden, beim Guten, Wahren, Schönen angesiedelt ist: Wo sollen Sie dann hin mit dem Zerbrochenen in Ihrem Leben, mit dem Misslungenen, mit dem Scheitern?

Impuls

1. Beschäftigen Sie sich nun bitte eingehend mit den folgenden Fragen nach Entstehung und Wandel Ihres Verständnisses von Gott im Laufe Ihrer Biografie. Am besten ist es, Sie suchen sich auch einen vertrauten Menschen oder eine Gruppe Menschen, mit denen Sie sich dann austauschen können über das, was Sie entdecken.[41]

- Könnten Sie einmal versuchen darzustellen, wie der Gott Ihrer Kindheit war, der Sie geprägt hat – als eine Skizze, ein Bild, in Ton geformt oder mit anderen gestalterischen Mitteln?
  Welche Bilder, Verse, Lieder, Erlebnisse oder Menschen waren damals dabei bedeutsam für Sie?
  Welche Menschen waren Ihnen in diesen Jahren ganz besonders nahe?
- Wie haben Sie Gott in Ihrer Jugendzeit erlebt? Was haben Sie da über ihn gedacht und erfahren?
  Wie haben Sie damals die Menschen erlebt, die zu Ihnen über Gott gesprochen haben?
- Welche Stadien der Gottesvorstellung haben Sie als Erwachsene/r erlebt?
  Welche Vorstellung von Gott haben Sie zur Zeit?
  Versuchen Sie doch, sie in irgendeiner Weise zu skizzieren, zu malen, zu gestalten!

2. Bitte ergänzen Sie den folgenden Satz mit einer Metapher (einem Bildwort, einem Gleichnis): »Gott ist für mich wie ...«

Der Umsturz

Stellen Sie sich vor, was am Gottesberg nun passiert. Elia begegnet sozusagen den Uraussagen des Glaubens darüber, auf welche Weise uns Gott begegne. Diese drei – doch recht gewalttätigen – Erscheinungsformen Gottes waren vorübergezogen – aber Gott war nicht darin! »Aber der Herr war nicht im Sturm ... Aber der Herr war nicht im Erdbeben ... Aber der Herr war nicht im Feuer ...« (Vers 11 und 12). Im hebräischen Urtext ist es noch spannender: »Nicht aber war er im Sturm, nicht aber im Erdbeben, nicht aber im Feuer!« Das ist so knapp, zupackend, aber auch erschütternd. Die Glaubensgrundlagen sind in Frage gestellt. Das hatten wir doch immer so gewusst, könnten die Hebräer der damaligen Zeit sagen. Das ist über Jahrhunderte so gelehrt worden. Wir wissen, dass Gott so ist. Nicht aber war er da, sagt dieser Erzähler. Beachten Sie das bitte ganz genau, denn viele Übersetzungen geben es nicht klar genug wieder. »Aber der Herr war nicht im Feuer ...«, das klingt ja noch ganz lyrisch, das hat noch einen Rhythmus, besonders in der ganz wunderbaren Vertonung all dieser Ereignisse im »Elias«, jenem großen Oratorium von Felix Mendelssohn-Bartholdy, das für mich selbst eines der größten Werke der Musikliteratur darstellt. Aber vielleicht lassen Sie sich heute einmal von diesem neuen Klang erreichen, der deutlich macht: Nicht war Gott da, wo ihr immer dachtet, dass er sei.

Wir legen manchmal fest, was mit »Gott« gemeint ist. In der Erziehung, im Kindergottesdienst, im Kommunion-, Firm- oder Konfirmanden-Unterricht, in Predigten und religiösen Veranstaltungen werden uns bestimmte Vorstellungen nahe gebracht, so wie diejenigen sie in sich tragen, die sie uns vermitteln. Und dann werden wir hineingeführt in die religiöse Welt und lernen glauben, dass das so und nicht anders sei. Aber was hier in dieser Geschichte steckt, ist eine ungeheure Botschaft, nämlich die, dass sich auch dies wandeln kann, dass es sich verändern kann, dass Elia von den alten Traditionen erkennt: Es ist *auch* noch *ganz anders*. Vielleicht ist es gar nicht so sehr die Frage, ob da Gott selbst sich wandelt oder ob es unsere Auffassungskraft von Gott ist, die sich wandelt, unsere Verstehensweise und unsere Kapazität für ihn. Jedenfalls ist es den Menschen der Bibel sehr klar, dass Gott nicht festgelegt ist ein für alle Mal, sondern dass wir ihn ganz verschieden erfahren können und auch immer neu erfahren müssen, und dass er dann vielleicht ganz anders ist. Karl Barth, einer der großen Theologen des vergangenen Jahrhunderts, nennt ihn deswegen an vielen Stellen den »ganz Anderen«. Dann redet er von dem »ganz Anderen«, den wir nie festlegen können.

Genau dieses erfährt Elia nun, indem er Gott in der »sanften Stille verschwebenden Schweigens« erkennt. Was das bedeutet, werden wir in Schritt 11 noch genauer betrachten. Klar ist, dass Elia damit Gott nicht mehr da erfährt, wo gedroht wird, wo Erschütterung herrscht – wenn wir die physischen Merkmale der früheren Gotteserscheinungen einmal psychisch deuten und als seelische Zustände verstehen. Elia selbst hatte das schließlich gerade erlebt: Er hatte doch am Karmel dieses große Feuerereignis, das wie ein Erdbeben die Menschen bis ins Mark erschüttert hat. Und manche konnten und können auch so predigen, dass dabei Seelen erschüttert werden und dass den Menschen die Hölle heiß gemacht und ihnen eingeheizt wird. Das wäre die Rede vom Feuer, vom Sturm und vom Erdbeben. Aber da war er *nicht*, heißt es.

Allerdings gab es sehr wohl im Laufe der Geschichte des Christentums immer wieder Arten der Mission, bei denen den Menschen das Beben, das Feuer und der Sturm präsentiert wurde. In einem Film über die Konquista, die Eroberung Mittel- und Südamerikas, erfuhr ich von deren Missionsmethode. Das jedoch gehört zur Sündengeschichte des Christentums: Man habe damals die Babys getauft und sofort getötet, damit sie nicht mehr in Sünde fallen können, sondern mit Sicherheit ins Paradies kommen. Solche perversen Gedanken haben kämpferische christliche Missionare, die mit »Sturm, Beben und Feuer« gearbeitet haben, als innere Vorstellung gehabt, als inneren Antreiber. Mit solchen Vorstellungen haben sie gehandelt. Und das gibt es auch noch heute. Es gibt einen weltberühmten Evangelisten, Billy Graham, den haben sie das »Maschinengewehr Gottes« genannt. Ich kann dazu nur sagen: Mein Gott arbeitet nicht mit dem Maschinengewehr! Er braucht keine Gewalt, aber diese Sprache verrät ungeheuer viel. In solcher Art von Evangelisation wurde tatsächlich den Menschen oft das Höllenfeuer heiß gemacht. Und ich bekomme immer wieder von Ratsuchenden erzählt, dass es so etwas auch heute noch, in bestimmten Glaubensgemeinschaften, in der religiösen Erziehung in Kindergärten gebe, dass Gott als einer dargestellt wird, der nicht will, dass wir genießen, der als sündig ansieht, was ganz natürliche Regungen des Menschen sind. Aber auch andere Religionen, wie etwa der Islam oder der Hinduismus, oder auch Richtungen des Atheismus, haben fundamentalistische und kämpferische Strömungen und ziehen bis heute mit einer Blutspur durch die Geschichte. Nicht nur im Mittelalter wurde der Glaube mit »Feuer und Schwert« verbreitet, auch heute gibt es politische, religiöse, fanatische und fundamentalistische Kreuzzüge und Dschihads, wo Gewalt ausgeübt und gemeint wird, man tue Gott einen Dienst damit.

Impuls 1. Haben Sie möglicherweise schlechte Erfahrungen gemacht mit Kirchen, religiösen Gemeinschaften, Glaubensformen, die derart hart, lieblos und Selbstaufgabe fordernd mit Menschen umgehen? Wo durch deren Glaubensüberzeugungen Menschen chronisch gedemütigt und klein gemacht, ihrer Würde beraubt und für schuldig erklärt werden? Oder kennen Sie Ähnliches von anderen Ideologien, fanatischen Weltanschauungen, auch totalitären oder atheistischen Systemen oder von Sekten und Kultgruppen? Und wie stehen Sie dazu? Haben Sie sich gar selbst infizieren lassen von unmündig machender, lust- und lebensfeindlicher, autoritärer Indoktrination? Und was half Ihnen heraus? Oder wo stehen Sie heute?

2. Oder aber Sie kennen das als innerseelische Forderungen bei sich selbst, als gnadenloses Werte- und Antreibersystem, wo Sie immer nur geben, sich verausgaben, perfekt sein und sich Über-Idealen demutsvoll und gehorsam unterwerfen müssen? Wenn es nie »genug« ist, wenn Sie innerlich immer noch mehr, noch Besseres, noch Extremeres von sich fordern? Bleiben Sie bitte auf keinen Fall allein damit, vertrauen Sie sich erfahrenen Menschen an, um Befreiung von solch gnadenlosen innerseelischen Systemen zu finden, durch Beratung, Seelsorge oder Therapie zum Beispiel.

Projektionen

Die oben erwähnte Ausdrucksweise vom Maschinengewehr oder von der »Maschinenpistole« Gottes zeugt von solch beschriebenem Kampfgeist. Elia war ja selber so einer gewesen: Er hat von seinem leidenschaftlichen Sturm erzählt und Gott geklagt. Insofern passen diese äußeren Erscheinungen und wie er sich Gott vorgestellt hat zu dem, wie er selber war. Oft ist es so, dass wir Gott so ähnlich empfinden, wie wir selber sind. Psychologisch nennen wir das Projektion: Ich bin das

Dia und durch das Licht in mir wird dieses Dia an die Wand projiziert oder eben an den Himmel. Und ich denke dann: Das, was da außen ist, das und so ist Gott. Aber eigentlich ist es nur die Projektion dessen, was *in mir* ist. So etwas geschieht uns oft, und nur allzu leicht setzen wir diese Projektionen dann absolut. So ist es in der Religionsgeschichte häufig geschehen und dann haben Menschen gemeint, so wie sie selber aufgezogen wurden und es mitgeteilt bekommen und selbst gelebt haben, so müssten sie es auch weitergeben. Insofern gibt es einen engen Zusammenhang zwischen dem, wie ich Gott sehe und wie ich selber bin. Oft hängen Gottesbild und Selbstbild sehr eng zusammen. Wenn der Mensch einer ist, der selbst stürmisch, autoritär, kämpferisch und feurig ist – und Elia ging wirklich mit Feuer und Schwert durch die Lande, das haben wir in der Karmelgeschichte gehört –, so hat er dementsprechend auch seinen Gott verstanden und dann »war« der auch so. Folgerichtig heißt das dann: Wenn Sie einen Gott haben, der sehr ungnädig ist mit jeder menschlichen Regung, dann werden Sie vielleicht auch selbst sehr ungnädig geworden sein mit sich und Ihren Regungen. Dann werden Sie es vielleicht schlecht aushalten, wenn die Depression kommt, die Niedergeschlagenheit, wenn Sie denken, man müsse doch immer fröhlich sein, als Christ im Glauben. Oder auch Schwierigkeiten damit haben, wenn Sie unbeschwert, lustvoll und glücklich sind, wenn Sie denken, Gott wolle uns immer entsagungsvoll und schuldbewusst.

Erst, wenn wir erkennen, dass Gott *nicht* so ist, dass er ganz anders ist als die Bilder, die wir uns von ihm gemacht haben, dann bekommt beispielsweise auch unsere volle Gefühlspalette, unser Glück und unsere Traurigkeit ihren Platz im Leben. So wie der Schmerz, die Not und Trauer von Karfreitag neben dem Ostermorgen mit seiner Lebendigkeit und Freude steht. So wie neben dem Hoch der Erfahrung am Karmel dieses Tief steht, durch das Elia jetzt hindurchmuss. Denn auch unsere Vitalität und unsere Lust brauchen und verdienen ihren Platz im Leben! Auch unsere Aggressivität und unser Zorn. Ich habe allerdings oft mit Menschen zu tun, gerade in helfenden Berufen und diakonischen Einrichtungen, mit hohem sozialen Engagement, die in therapeutischen Gesprächen oder in der Seelsorge zu mir sagen: »Wenn ich einmal ärgerlich bin und so richtig aufdrehe, dann fühle ich mich sofort wieder schuldig. Ich habe dann Angst, den anderen vielleicht zu Unrecht angegriffen oder gar verletzt zu haben. Und ich bekomme so leicht ein schlechtes Gewissen schon da, wo ich nur klipp und klar und deutlich einen Standpunkt oder meine Überzeugung vertrete oder mal widerspreche.« Aber es gehört zum Leben dazu, dass ich auch zeige: »So geht es mir jetzt, das macht mich ärgerlich, das ist mir wichtig.« Und dies auch mit Bestimmtheit zu vertreten. Es gibt dazu eine Stelle im Epheserbrief (4,26), über die leider viel zu wenig geredet wird in christlichen Kirchen, da heißt es: »Lasst die Sonne nicht untergehen über eurem Zorn.« Dabei ist ganz selbstverständlich vorausgesetzt, dass wir zornig werden. Und zum Glück gibt es auch jene Berichte, wo Jesus selbst zornig und ärgerlich und unwillig wurde, weil das eine ganz normale Regung ist. Die Frage ist letztlich nur: Wie gehe ich damit um? So wie wir es bei den Distanzierungsübungen von Schritt 7 geübt haben, zu sagen: Ich *habe* aber ich *bin* nicht dieses Gefühl. Ich *bin* nicht mein Zorn, ich bin nicht *identifiziert* damit, aber ich *habe* jetzt dieses Gefühl, muss es nun ausdrücken und ich kann mich davon dann auch distanzieren, aber es gehört mit zu meinem Leben.

Gottesverständnis, Wertesystem und Persönlichkeit

Elia erfährt also eine Korrektur seines Gottesverständnisses, seines inneren Wertesystems und eine neue Ausrichtung hin zu einem sanfteren Verständnis: Die Begegnung mit der »Zärtlichkeit Gottes« in Stille und Schweigen (Schritt 11). Ein solch neues Verständnis und eine neue Betrachtungsweise unserer Gottesbeziehung hat auch immer Auswirkungen und Rückwirkungen auf unser seelisches Innenleben und auf unser Verhalten im Außen. Wenn ich ein Mensch bin, der sich ständig beobachtet fühlt, ob er ja keinen Fehler macht, dann prägt das natürlich. Und viele haben noch in ihrer Kindheit dieses Lied kennen gelernt: »Pass auf, kleines Auge, was du siehst ... denn der Vater im Himmel schaut herab auf dich. Drum pass auf, kleines Auge, was du siehst ...« Und pass auf, kleines Ohr, was du hörst, und kleine Hand, was du tust und so weiter. Und so entsteht leicht die Vorstellung, dass es nicht etwa schön und bergend sei, dass Gott mich sieht. Im Gegensatz dazu hat die christliche Mystikerin Theresa von Avila formuliert: »Er schaut dich an in Barmherzigkeit und Demut.« Stellen Sie sich das vor: Gott sieht mich barmherzig an. Das hat etwas mit mütterlicher Qualität zu tun, weil »Barmherzigkeit« ursprünglich mit »Mutterschoß« zu übersetzen ist. So schaut mich Gott mütterlich, liebend, annehmend an und nimmt mich in Demut an.

Impuls Nehmen Sie doch dieses Zitat einmal in Ihr Leben hinein und gehen Sie beispielsweise ein halbes Jahr lang damit »schwanger«. Bewegen Sie es immer wieder einmal, legen Sie es auf die Seite und dann nehmen Sie es wieder her und umkreisen es, sodass Sie hier und dort immer wieder einen Aspekt entdecken und wieder Neues erkennen: »Gott schaut mich an in Barmherzigkeit und Demut.«

Das verändert durchaus unser Verständnis und unser Lebensgefühl, ob wir das oben erwähnte »Pass auf!« im Herzen tragen oder das Verständnis Gottes als eine wärmende »Freudensonne« empfinden. Andernfalls erinnert das fast an jenen Film oder an das Buch von George Orwell, »1984«, wo diese Möglichkeit dargestellt wird, nämlich dass wir überall erreichbar und beobachtbar werden. Aber das ist sicher kein Geborgenheitsbild. Und wenn wir von Gottes Erbarmen reden, sprechen wir von seinem »Mutterschoß« und der Geborgenheit bei ihm.

Auch unser Persönlichkeitstyp spiegelt sich oft wider in der Art, wie wir Gott verstehen. Ängstlich-zwanghafte Menschen haben oft einen fordernden und zwanghaften Gott. Karl Barth hat darauf hingewiesen, dass jeder Mensch eigentlich eine andere Theologie habe und daher ganz souverän formuliert: »Man muss auch über seine eigene Theologie lachen können.« Das ist groß und weise, sodass wir unsere Glaubensvorstellungen, mit denen wir aufgewachsen sind, die uns oftmals auch wirklich heilig sind, nicht ganz so unantastbar empfinden, sondern auch da wissen: Wir sind selber auch im Wandel, so wie unser Gottesbild. Weil das wiederum ein Spiegel dessen ist, wie ich ihn *jetzt, hier und heute* verstehen und fassen kann.

Impuls Haben Sie selbst das auch schon einmal festgestellt, dass sich Charakterzüge, der Persönlichkeitstyp und bestimmte Eigenheiten von Menschen gleichen oder decken mit der Art, wie sie Gott beschreiben? Gehen Sie doch dieser Suchspur einfach einmal nach, um Projektionen auflösen und vielleicht der Wirklichkeit Gottes ganz neu begegnen zu können.

So müssen wir immer neu alte Glaubensweisen, eingefahrene Denkgewohnheiten, wertvolle Überzeugungen überprüfen, ob sie uns wirklich stärken, noch stimmig sind für uns, dem Leben dienlich, echte »Lebens-Hilfe«, oder sich wandeln müssen. Hier noch ein Beispiel dazu:

Ist Gott nicht allmächtig?

Vor einem Seminar mit Professor Walter Hollenweger telefonierte ich zu letzten Absprachen mit ihm, was das Thema »salben und segnen«, »Heilung und Heil« angeht. Plötzlich erzählte er mir unvermittelt, dass er gerade zurückgekommen sei von einem Seminar mit aus der Kirche Ausgetretenen. Er habe mit ihnen viele Punkte besprochen, durch die sie an der Kirche irrewurden, die aber gar nicht biblisch seien oder etwa originäres Glaubensgut des Juden- oder Christentums. »Woran denken Sie da zum Beispiel?«, fragte ich ihn. »Na ja, das mit der Allmacht Gottes zum Beispiel. Das steht ja so nicht in der Bibel. Die hebräische Sprache kann so etwas Abstraktes gar nicht denken und ausdrücken, und sonst redet die Bibel anders, konkret, in Tätigkeitswörtern, in Erzählungen von Erfahrungen von ihm.« Ja, in der Tat wusste ich das und wie sehr die Botschaft der ersten Christenheit verzerrt wurde durch die Verbindung mit griechischer Philosophie, durch die Übersetzung der Bibel ins Griechische und Lateinische. Erst da fanden nämlich Begriffe wie »allmächtig«, »allgegenwärtig« Eingang in die Bibel – und ins Apostolische Glaubensbekenntnis und im Konzil von Nizäa 325 dann folgenschwererweise ja auch in unser Großes Glaubensbekenntnis.

Nach dem Auflegen des Telefonhörers stand ich auf, ging an meine Bücherregale, holte das Hebräisch-Lexikon und suchte »allmächtig«. Was fand ich? Eine Überraschung: Fehlanzeige! Das gibt es nicht. Es gibt die Wörter »alles« und »allmählich«. Aber allmächtig/Allmacht? Nein, die gibt es nicht.[42] So also ist das vom urtextlichen Bibelbefund her mit der Allmacht Gottes.[43]

Wie aber ist er dann? Wie sollen wir ihn sehen? Wenn nicht als den allmächtigen Mirakel-Gott? Meine Partnerin erzählte mir einmal, dass sie bei Kindern und Jugendlichen im Religionsunterricht am meisten Verständnis findet, wenn sie von Gott sagt: Gott ist eine Kraft. »Kraft, das will jeder, das versteht und braucht jeder. Jede/r will Power! Kraft hat ihnen etwas zu sagen.« Gott als eine Kraft (so wie er in Psalm 27,1 ausdrücklich heißt) zum Leben, zum Durchhalten vielleicht, aber auch zum Auflehnen und zum Aufstand gar, Kraft zum Protest oder Kraft zum »Verkraften«, Annehmen des Unabänderlichen, Kraft im Inneren und im Sozialen, für Politik und Alleingang, Kraft zum Tragen oder zum Widerstehen – dem Leiden gegenüber. »Mach' End, oh Herr, mach Ende mit aller unsrer Not.« Kraft zu »Widerstand und Ergebung«, wie jener denkwürdige paradox formulierte Titel von Dietrich Bonhoeffers Buch mit Briefen und Tagebüchern es benennt. Wir brauchen die Fähigkeit zu beidem!

An diesem Beispiel erkennen wir, wie wichtig es ist, immer *neu* auch altbekannte, so genannte Glaubenswahrheiten auf ihre Gültigkeit und Stimmigkeit zu *überprüfen* und gegebenenfalls zu korrigieren.

Impuls Kennen Sie dazu weitere Beispiele? Haben Sie das mit anderen religiösen Grundwahrheiten oder Überzeugungen auch schon erlebt, dass sie sich im Laufe Ihres Lebens verändert haben oder wandeln mussten? Wie geht das anderen in Ihrem Bekannten- und Freundeskreis? Sprechen Sie ruhig einmal darüber in verschiedenen Gruppierungen!

Notwendige Wandlung

Tiere verändern alljährlich ihr Haar- oder Federkleid, ihr Fell oder ihre Haut. Das ist uns bei den Vögeln als »Mauser« bekannt oder wir kennen es vom Abwerfen des Geweihs bei den Rehen und Hirschen: In jedem Jahr wächst es neu nach, nachdem es vorher abgeworfen wurde. Auch bei Schlangen ist es so, dass sie sich alljährlich häuten, das heißt die alte Haut, die durch das Wachstum inzwischen zu eng geworden ist, abstreifen und so aus der alten Hülle hervorgehen mit einer neuen Haut in neuer Größe.

In einem Zoo soll sich nun Folgendes ereignet haben: Bei einer Schlange funktionierte dieser Häutungsmechanismus nicht mehr. Nun wuchs sie zwar, die alte Haut aber war inzwischen zu klein und zu eng geworden, konnte nicht mitwachsen, sich nicht vergrößern und erweitern – und so ist das Tier elendiglich in der zu eng gewordenen alten Haut zu Grunde gegangen.

Sie werden sicher schnell verstehen, was das im seelischen, geistigen und geistlich-spirituellen Bereich bedeuten kann für innere Wachstumsprozesse und Entwicklungen. Wohl dem, der sich dann von alten, zwar gewohnten, aber nicht mehr lebbaren Wertvorstellungen, Ansichten über Gott und die Welt und das Leben, Moralvorstellungen, aber auch von überholten Gottesbildern und Gottesvorstellungen guten Gewissens verabschieden und in ein neues Reifungsstadium hineinwachsen kann.

Impuls Welche Beispiele aus Ihrem eigenen Leben, dem Ihrer Kinder oder Eltern oder aus Ihrem Bekanntenkreis fallen Ihnen dazu ein? Halten Sie vielleicht selbst noch alte, gewohnte, aber Ihnen nicht mehr dienliche Wertmaßstäbe fest? Aus Angst? Aus Gewohnheit? Wie viel Kraft kostet Sie das? Wie wäre eine Veränderung möglich? Wagen Sie es doch, auch mit anderen darüber zu sprechen!

Felder der Gotteserfahrung

In einem Vortrag vor vielen Jahren erwähnte Graf Dürckheim vier verschiedene Bereiche, »Felder der Gotteserfahrung«, als unterschiedliche Weisen, wie wir Gott und Gott uns begegnen und sich erschließen kann. Er nannte dabei Natur und Kultur, den Kultus und den Eros.

Diese Gedanken haben mich sehr bewegt, mir viel zu denken und zu entdecken gegeben. Im Laufe der folgenden Jahre entdeckte ich jedoch noch drei weitere, mir ebenso wesentliche Erfahrungsmöglichkeiten göttlicher Wirksamkeit und Nähe, die ich den seinigen gerne hinzufügen würde und durch die ich diese Gedanken ergänzen möchte: Es sind die Träume als »Gottes vergessene Sprache«, wie mein Freund Helmut Hark sie gerne nennt, und Not, Leid und das Schwere als Ort möglicher Gottesbegegnung, vielleicht auch der Begegnung mit der Schattenseite Gottes – und das ganz Alltägliche und Gewöhnliche, Unscheinbare und Banale. Mit einigen Beispielen möchte ich die damit auf sieben erweiterten möglichen Felder der Erfahrung des Göttlichen beleuchten:

Erfahrungsfeld Natur:

»Nie ging ich gern hinaus in die Natur«, so erzählt ein inzwischen 50-jähriger Sozialpädagoge, »aber meine Eltern und Geschwister wollten das immer. Ich war immer viel zu fleißig mit Hausaufgaben und sonstigen Dingen beschäftigt, als dass ich viel draußen herumgetobt wäre. An einem verschneiten Wintertag hänselten mich meine Geschwister und lockten meine Eltern mich so lange, bis ich meinen Widerstand aufgab und bereit war, draußen mit den Skiern eine Wanderung zu machen. Was ich dabei erlebte, war unsagbar schön und ergriff mich total. Ich vergaß vollkommen die Zeit, merkte nicht, dass es dämmrig wurde, schob nur mit meinen Skiern wie verzaubert, wie gebannt von dem Frieden und dem Einklang mit der Welt durch die tief verschneiten Winterwälder und staunte und staunte. Diese Ruhe, diese Stille, die sich um mich breitete – und ich mittendrin, wie ein Teil davon: Es ist mir bis heute unvergesslich. Ich fühlte mich mit allem verbunden, ein ruhiges Glücksgefühl erfüllte mich, ich suchte und brauchte nichts mehr: Ich war angekommen. Es gab kein Ziel, keine Hast, keine Sorgen, keine Angst – mit einem Wort: Ich war selig. Da hörte ich ein Rufen – meinen Namen. Das riss mich heraus. Erschrocken hörte ich von meiner aufgeregten Schwester, dass man sich daheim um mich gesorgt und alle mich gesucht hatten. Ich war verwirrt: Vorwürfe und Vorhaltungen plötzlich. Und ich war doch so tief glücklich gewesen, geborgen, hatte mich völlig aufgehoben und sicher gefühlt, alles um mich her vergessen und war total aufgegangen in diesem tiefen Berührtsein von Stille und Zauber, als hätte die Ewigkeit mich berührt!«

Solche Erfahrungen sind natürlich mit allen Naturelementen möglich, zum Beispiel mit dem Wasser, dem Wind, in der Wüste oder in den Bergen, wenn ich so ganz eins bin mit der Schöpfung, der Natur.

Erfahrungsfeld Kultur:

Es war hoch droben in den Schweizer Bergen in Ziteil, der höchstgelegenen Wallfahrtskirche Europas (2433 m) in Romanischbünden. Ich hatte mich an die unverschlossene Orgel gesetzt und angefangen, Choräle zu improvisieren. Hingegeben an dieses Spielen, beglückt durch das schöpferische Tun und die harmonischen Klänge vergaß ich alles um mich herum. Da sagte strahlend meine Freundin zu mir: »Ich glaube, in der Musik bist du Gott am nächsten. Was du da ausstrahlst, was von dir verströmt, wie du dich hingeben kannst – eintauchen in Schöpfung. Ich glaube, du erfährst

Gott am intensivsten in der Musik, in diesem Fluss von Kreativität und Harmonie.«

Erfahrungsfeld Kultus und Ritus:

Eine 34-jährige Katechetin beschreibt tief ergriffen, wie sie einmal Kultus und Ritual der Kommunion, des heiligen Abendmahls erlebt habe wie eine »Oase in der Wüste« und in ein inneres Gespräch mit der Hostie und mit Gott geriet: »Feier der Eucharistie – Gegenwart Christi: Ich halte dich in meinen Händen, will bei dir sein, möchte mit dir reden. Still und ruhig sitze ich da und schließe die Augen. Langsam, ganz langsam wird es ruhig in mir, doch leise und zärtlich eine Stimme in mir: › Ich bin da bei dir, du bist nicht allein.‹ Für mich ist das Advent – jenseits des Kirchenjahres. Ich fühle mich wie im Sommer am Meeresstrand, lasse mich bescheinen von den Liebesstrahlen Gottes, lasse sie tief in mich hinein – gibt es etwas Schöneres, als ein Sonnenbad in den Liebesstrahlen Gottes, in den Strahlen der Freude, der Hoffnung, der Zuversicht und des Lebens? In mir brennt dein Feuer und gleichzeitig umhüllt mich wie ein Fluidum deine Gegenwart, deine Nähe, deine Geborgenheit. Bin ich bei dir oder bist du bei mir? Keine Worte umschreiben dieses Sein: Es ist die Ewigkeit ... Stärkung auf dem Weg. Eine Oase in der Wüste. Und immer noch gegenwärtig deine Stimme in mir: Du gehst nicht allein, ich gehe mit dir.«

Herr G. aus M. erlebte ein Ritual in einem Salbungs- und Segnungsgottesdienst als ungeheuer tief greifend, erschütternd und verwandelnd: »Als die Frau mit ihren Fingern meine Stirn berührte, mir dabei diese Segensworte zusprach, dann dasselbe mit meinen Handinnenflächen tat, brach in mir alles zusammen und auf: Ich zitterte und bebte, Tränen brachen aus meinen Augen hervor, ein Schwall von lange nicht zugelassenen Gefühlen ergriff mich und öffnete alle Schleusen: Ich begann zu weinen und zu schluchzen, stammelte Worte, brachte nichts heraus, aber es durchströmte mich eine Freude, eine Befreiung, ein Gefühl der Freude trotz der Trauer, die auch da war. Es war der Anfang für gute Gespräche danach, war ein bisschen wie das Gefühl, Gott leibhaftig begegnet zu sein. In dieser Segenshandlung, in dieser Berührung durch die salbende Frau hatte er mich selbst berührt und tief innerlich erreicht. Ich konnte alles zulassen, was kam, konnte die Tränen laufen lassen, die Laute, die Worte, den Strom der Gefühle – es war wie ein Durchbruch, wie eine Öffnung zu mir selbst hin und zugleich zum Licht, zur Wärme, zu einer wohl wollenden Güte. Anders kann ich es nicht beschreiben.«

Erfahrungsfeld Liebe und Eros:

P. K., eine Lehrerin, 39, beschreibt eine intime Begegnung mit ihrem Partner für sich als »Gotteserfahrung«: »Ich erinnere mich an eine Liebeserfahrung besonderer Art: Wir haben uns geliebt, lagen nackt beieinander. Es war gar nicht nur der Höhepunkt selbst, der mich so überwältigte, sondern das Einssein, die Vereinigung im Sein. Wir waren plötzlich so eins mit allem. Da war gleichzeitig die Verschmelzung von Körper, Seele und Geist. Das gab so einen Zustand von Glück, der nichts mit der sexuellen Erregung zu tun hatte, sondern mit diesem Einssein, das man nicht beschreiben kann. Wir haben uns dabei so tief und lange angeschaut, haben beide gezittert und auf einmal geweint, haben danach lange nichts gesagt, irgendwann hat er zu mir gesagt: ›Spürst du es auch?‹ Es war wie ein Mysterium. Es hat uns beide so tief erschüttert und ergriffen: Ist das Gotteserfahrung? Gott auch da?! Ich finde Ja.«

Erfahrungsfeld Träume:

Ein Religionspädagoge, 47 Jahre, erzählt mir: »Ich hatte einen Traum, da bin ich dem ›Kaiser-Papst‹ von Bamberg begegnet und der sagte zu mir: ›Gott ist immer im Wandel und in Bewegung.‹ Dann sollte ich etwas auf eine Tafel schreiben mit grünem Filzstift, das war der Satz: ›Wir sind Gottes Mitarbeiter, seine Kollegen.‹ Wissen Sie«, sagte er dann, »aufgewachsen bin ich mit einem ganz strengen, starren, unerbittlichen und gnadenlosen Gottesverständnis, das meine eigene Zwanghaftigkeit noch verschlimmerte und vertiefte. In jenen Jahren war durch meine Therapie vieles in mir lebendiger geworden und in Bewegung geraten. So konnte ich auch durch diesen Traum Gott – wie durch eine Innenoffenbarung – neu und anders sehen lernen, mich sogar auf eine Stufe mit ihm stellen. Ein völlig neues Selbstbild und Selbstbewusstsein hat mir das gegeben. Die Veränderung in mir und dieses auch spirituell neue Selbstverständnis, finde ich, drückt sich in diesem Traum sehr gut aus.«

Oder da ist Frau K., 37, geschieden, in Scheu vor »Gott«, weil sie meint, der sei nun für sie nicht mehr ansprechbar, sei im Gegenteil böse auf sie wegen ihrer Scheidung – wie sie mir im Gespräch anvertraute. Sie träumte nur den einen Satz: »Jesus Christus trägt Jeans.« Das habe sie umgehauen, denn das sei ein Jesus, der modern, weltzugewandt und aktuell sei. Im Traum habe »ein Mann, der vor ihr ging, Jesus, knackig erotische Jeans getragen«. Das habe ihr ein neues Interesse an Glaubensfragen und an Gott gegeben und vor allem das Vertrauen, dass Gott Verständnis habe für ihre Situation und dass er gar nicht etwa die Beziehung und Freundschaft mit ihr aufgekündigt habe. Der Traum habe ihr Gott ganz anders, eigen und neu nahe gebracht – so schildert sie mir überglücklich.

Erfahrungsfeld Not und Leiderfahrung:

Gerda H., 72 Jahre, spricht von solchen Leidenszeiten in Ihrem Leben rückblickend so: »Das waren Zeiten, die mich oft besonders eng mit Gott verbunden haben. Da habe ich intensiver als sonst die Zwiesprache und Verbindung mit ihm gesucht, habe seine Gegenwart und Nähe so intensiv erfleht – und auch oft erlebt – wie selten in › normalen Zeiten‹. Und das Leid hat mich Dankbarkeit gelehrt, Dankbarkeit für die › kleinen Dinge‹, an die man sonst kaum denken würde als Grund zum Freuen. Was habe ich in Notzeiten zu danken und zu loben gefunden an unscheinbaren, kleinen Nichtigkeiten, die man sonst kaum beachtet. Und so habe ich Gott oft erlebt als den, der mich in schwierigsten Zeiten getragen hat, wie in dem bekannten Gedicht oder Lied von den › Spuren im Sand‹, wo es heißt: Da, wo es am schlimmsten und unerträglichsten für dich war, da habe ich dich getragen. Ja, so war es!«

Herr G., ein Mann in den Vierzigern, erzählt mir Folgendes von seiner Großmutter: »Da saß sie mit ihren drei Kindern, eins mit elf Wochen auf ihrem Schoß, eins mit eineinhalb und eins mit vier neben ihr, weinend am monatelangen Sterbebett ihres Mannes: Luftröhren- oder Speiseröhrenkrebs – ein bis zum Äußersten belastender schmerzhafter Prozess von Leiden und Not. Groß war ihre Verzweiflung. Da hörte sie auf einmal ganz klar eine Stimme, die zu ihr sagt: › Abnehmen kann ich dir's nicht. Aber ich will dir tragen helfen.‹ Und – so erfuhr sie – sie fühlte sich hindurchgetragen, durch das Sterben ihres Mannes und die gesamte Folgezeit.« Gotteserfahrungen *mitten* im Leid!

Erfahrungsfeld im Unscheinbaren und Alltäglichen:

Frau Bär, 50, erzählt mit leuchtenden Augen: »Früher habe ich Gott immer im Besonderen gesucht, in der Messe, bei der Eucharistie oder als besonderes Gefühl. Und da blieb ich oft leer. Bis, ja, bis ich dem Satz von Teilhard de Chardin begegnete: › Gott erwartet uns in allen Dingen.‹ Und bei Exerzitien hörte ich, dass Ignatius von Loyola rät, man solle Gott in allen Dingen suchen und finden. Dadurch ist mein Leben reich geworden, denn nun sehe ich ihn im Schmetterling und im Lachen meines Enkelkindes, bin beim Bügeln im Gespräch mit ihm und beim Abspülen, besuche ihn in Gestalt meiner alten Nachbarin und erlebe im Alltag immer wieder sein Gesicht, aber auch seine Qual in der gefährdeten, bedrohten und ausgebeuteten Natur. Aber überall da begegnet er mir heute. Immer du, du, du.«

So kann das sein, wenn die »Kraft aus der Höhe« oder aus der Tiefe uns erreicht, anspricht und verwandelt: In verschiedenen Sprachen, an verschiedenen Orten und mit unterschiedlichster Wirkung. Allen gleich ist, dass diese Erfahrungen unverfügbar sind, nicht machbar, dass sie die Menschen prägen und verwandeln, mitteilbar, aber nicht diskutierbar sind. Dass sie das Leben dieser Menschen erweiterten, vertieften, stärkten, vielleicht auch beflügelten, unabhängig von möglichen Erklärungsmodellen. Und sie sind immer überraschend, diese Erfahrungen, wie ein Wunder, nicht erwartet oder gar erarbeitet. Solche Erfahrungen kommen unerwartet: Man kann sie nicht herbeisehnen, herbeibeten oder -zwingen, sie kommen überraschend! Und für jeden vielleicht in einem anderen Erfahrungsfeld oder in verschiedenen Lebensabschnitten und biografischen Situationen.

Darin ähneln diese Berichte Geschichten aus der Bibel, wo solche Erfahrungen als Gottes Handeln in der Welt beschrieben werden. Von Gottes Geist wird oft so gesprochen, dass er die Menschen »ergreift«. Und dadurch werden sie verwandelt. Und dann gibt es keinen Zweifel mehr, wenn uns das begegnet, was »uns unbedingt angeht«.

Impuls Wie ist das nun bei Ihnen? Wo finden Sie sich wieder? Was könnten Sie erzählen? Suchen Sie sich (in aller Vorsicht) bitte vertrauenswürdige Menschen, mit denen Sie so intime Erfahrungen austauschen können. Wenn Sie es wagen, werden Sie merken: Es bereichert! Wir sprechen dabei ja von ureigenen, authentischen Erfahrungen, die wir nur gegenseitig achten und als Ermutigung verstehen können.

Wie begegnet mir Gott heute?

Impuls Machen Sie sich bitte Folgendes deutlich: Mit der oben beschriebenen Würdigung ganz normaler menschlicher Erfahrungen als »Gottesbegegnung« bewerten wir Erlebnisse und Erfahrungen unseres eigenen, alltäglichen Lebens völlig neu. Es wird Ihren Alltag verändern, wenn Sie sich Ihre speziellen, ganz eigenen Empfangskanäle so deutlich bewusst machen wie jetzt.

In der christlichen Theologie und Glaubenslehre spricht man von der »Inkarnation« Gottes, von seiner Menschwerdung. In Schritt 4 sind wir bereits jener Erkenntnis begegnet, dass in einer Botin oder einem Boten, vielleicht einer ganz natürlichen menschlichen Begegnung Gottes Kraft, sein Zuspruch und Zuruf für mich erfahrbar werden können. In Eucharistie und Abendmahl wird rituell gefeiert, dass die wirksame Gegenwart Gottes konkret leibhaftig, schmeckbar und fühlbar wird. Das entspricht der Grundaussage über Jesus, wenn von ihm bezeugt wird, er sei Mensch und Gott *zugleich*. So werden wir angeleitet, Erfahrungen unseres Lebens in dieser Weise doppelsinnig, doppeldeutig oder »doppeldeutlich« zu betrachten. Wenn Sie das üben, werden Sie sehen, wie Ihr Leben um ein Vielfaches bunter, tiefer und reicher wird.

Vier »Felder« der Gotteserfahrung bei Graf Dürckheim (damals, seinen Erfahrungen entsprechend) und drei von mir ergänzt, um die Weite und Breite meiner und anderer Erfahrungen mit zu erfassen: immer neue Horizonte, die sich auftun. Und genau so erging es Elia, wenn er drei ihm vertraute und bekannte Weisen der Gottesbegegnung »vorüberziehen« sah und erlebte: Da war Gott – für *ihn* hier und heute – NICHT. Sondern an dieser Stelle jetzt anders für ihn: nämlich in der »sanften Stille verschwebenden Schweigens«, so übersetzt es Martin Buber, der große jüdische Gelehrte und Philosoph. Ein neues, ihn überraschendes und vielleicht verwandelndes Erfahrungsfeld tat sich auf: Stille und Meditation.

Stille und Meditation

Die »sanfte Stille verschwebenden Schweigens«: Gott neu begegnen

Elia widerfährt hier also etwas ganz anderes und völlig Neues. Die Luther- und die Einheitsübersetzung sprechen von einem sanften, leisen Säuseln. Lassen Sie sich doch bitte die Worte Martin Bubers, des großen Juden, der die Bibel noch ganz anders von der Ursprache her versteht, einmal innerlich ganz bewusst »auf der Zunge zergehen«: die sanfte Stille verschwebenden Schweigens. Das ist nicht der Hammer, der »Hammer, der Felsen zerschmeißt«, das ist nicht die Feuer- und Schwerttheologie, sondern hier ist das bergend Sanfte. Sozusagen ist hier von der »Zärtlichkeit Gottes« die Rede, von Sanftheit, Sanftmut. Das ist eine zärtliche Berührung. Darin war Gott jetzt erfahrbar für Elia. Durch das typisch orientalische respekt- und ehrfurchtsvolle Bedecken oder Verhüllen seines Gesichtes mit dem Mantel dokumentiert Elia: Gott begegnete ihm – ungewohnt, neu, anders. So hat er ihn jetzt, hier, heute berührt: zärtlich sanft, im Schweigen, in der Stille. Das ist eine ganz andere Art von Berührung.

Was wir übrigens mit »Heiliger Geist« übersetzen, entspricht im hebräischen Ursprungswort genau dem, was wir hier gerade erkennen und herausarbeiten: In seiner Urbedeutung heißt es »Hauch, Atem, Wind«. Das ist ein ganz anderer »Geist«. Ein Hauch – Sie könnten ja beim Lesen einmal in Ihre Hand hauchen! –, das ist etwas ganz, ganz Zartes. Das ist sozusagen die neue Spur, auf die Elia hier hingelenkt wird – und wir mit ihm. Er, der so ein leidenschaftlicher Kämpfer war, der innerlich vielleicht von rigiden Normen und Werten angetrieben wurde. Vielleicht haben ja auch Sie viele Normen und Glaubenssätze in sich entdeckt, die Sie antreiben, hinpeitschen: Du musst immer stark und effektiv, aktiv und erfolgreich sein. Hier aber ist eine neue Spur – sie ist sanft, liebevoller ... »Gott ist nicht Anspruch und Druck, sondern Liebe« – so hat mir das vor Jahren ein weiser Lehrer einmal zugesprochen.

Nicht mehr ... sondern ...

Die neue Spur, auf die Elia hier gerät, heißt also: In deiner jetzigen Situation begegnet dir Gott neu, anders, zärtlicher und sanfter, nicht mehr – wie zu früheren Zeiten empfunden – so feurig, markerschütternd oder gar gewalttätig. Ein echter und dramatischer Wandel! Wir finden eine vergleichbare Entwicklung an anderen, wesentlichen Stellen der Bibel. Wenn zum Beispiel in Johannes 15,14 f. Jesus zu seinen Jüngern sagt: »Ihr seid nun nicht mehr Knechte, sondern Freunde.« Oder Paulus in Galater 4,7: »So bist du nun nicht mehr Knecht, sondern Sohn, wenn aber Sohn, dann auch Erbe.« So ist da von einer grundsätzlichen Veränderung des Selbstbildes und des Selbstwertgefühls von glaubenden Menschen die Rede. Das Gottesverhältnis wird nicht mehr bestimmt etwa durch Dienst und Unterwerfung, sondern durch Freundschaft, durch das Gefühl von Zugehörigkeit wie zu einer großen Familie und durch das Bewusstsein: Ich gehöre zu Gottes großer Gemeinschaft mit einer völlig neuen Würde, auf einer Stufe mit Jesus, dem Sohn, ich, Gottes gleichrangige oder gleichwertige Tochter oder sein gleichrangiger und gleichwertiger Sohn. In Epheser 2,19 wird das so ausgedrückt: »Ihr seid nun nicht mehr Fremde, sondern Hausgenossen Gottes, Mitbürger in der großen neuen Gemeinschaft Gottes.« Immer wieder dieses »nicht mehr ... sondern ...«, um zu zeigen, dass es da eine Entwicklung und ein Wachstum in der Erkenntnis und im Selbstbewusstsein gibt, eine Unter-Scheidung. So kann Paulus in 1. Korinther 13,11 sagen, dass er als Kind dachte wie ein Kind. Jetzt aber sei er herangewachsen, habe alte Vorstellungen abgelegt und denke als Mann. Dementsprechend wollte der Schreiber des Hebräerbriefes seinen »Adressaten« nicht mehr nur Milch zu trinken geben, wie man das bei Säuglingen tut, sondern als inzwischen Herangewachsenen und Gereiften nun »feste Nahrung« (Hebräer 5,12-14). Denn die Glaubenden sollen »nicht mehr unmündige Kinder sein, hin und her geschaukelt und umgetrieben von jedem Wind der Lehre«, sondern »hingelangen ... zur vollen Reife« (Epheser 4,13 f.).

An all diesen Stellen wird mit Selbstverständlichkeit davon gesprochen, dass Menschen sich auch in Glaubensdingen weiterentwickeln, verändern und wandeln. Und dass sie das auch sollen ... und dürfen! Wie auch Elia sich wandelt durch die Begegnung mit der »sanften Stille verschwebenden Schweigens« (Vers 12).

Begegnung mit der Stille

Vor Jahren fragte ich eine weise, ältere Seminartrainerin nach dem Geheimnis ihrer Gelassenheit und Regeneration nach anstrengenden Tagungen und Seminaren. Lächelnd sagte sie zu mir: »Dann setze ich mich in das Wohnzimmer, schaue aus dem Fenster und lausche einfach der Stille.«

Impuls

1. Können Sie sich das vorstellen? Versuchen Sie es doch auch einmal: Einfach (sich) Ruhe geben, sich hinsetzen und der Stille lauschen!

2. Lesen Sie sich bitte den folgenden Text laut vor, für sich selbst oder auch anderen, um dann mit ihnen zusammen zu schweigen. Ich habe ihn vor Jahren in stiller Höhe zwischen den höchsten Bergen der Erde im Himalaja in Nepal geschrieben.

Der Stille lauschen

Sonne, sanfter Wind
sonst nichts
kein Lärm
keine Gedanken
nichts
Nur Ruhe
nur ich
nur du
Tief unter mir die Welt
weit weg
Und hinter mir Vergangenheit
weit weg
Und Zukunft kommt
von selbst
ist noch nicht da
Jetzt bin nur ich
und Ruhe
sanfte Stille
und nur du
Und alles ist gut
wie es ist
und alles darf sein
wie es ist
Der Stille lauschen -
bereit sein[44]

3. Wenn sie Ihnen vielleicht gar zu unerträglich scheint, die Stille, dann legen Sie doch ganz leise Hintergrundmusik auf. Bewährt haben sich dabei – so haben Psychologen erforscht – Adagios der klassischen, romantischen oder der Barockmusik. Es gibt auch eine Fülle von Entspannungsmusikstücken aus der heutigen Zeit. Man muss einfach viele ausprobieren um herauszufinden, welche zu mir passt, welche mir hilft in diesen »Raum der Stille«, »Raum der Ruhe« hinein, von dem wir hier sprechen.

4. Es gibt Entspannungskassetten oder CDs, auf denen Übungen zum Mitmachen angeboten werden. Nutzen Sie doch solche Möglichkeiten. Vielleicht hilft Ihnen auch meine eigene CD mit Heilungsmeditationen, Stärkungs-, Revitalisierungs- und Entspannungsübungen, erschienen unter dem Titel »Ausgebrannt? Aufatmen – Kraft schöpfen – Neu werden. Heilungsmeditationen« (siehe Anmerkung 30).

5. Oder schauen Sie einfach Ihrem Atem zu, dem ruhigen Ein und Aus, Auf und Ab und sprechen Sie sich innerlich nach jedem Atemzug einfach nur ein Wort zu, zum Beispiel »Eins« oder »Liebe« oder »Leben« oder »Jesus« – oder welches Wort auch immer Sie für sich wählen wollen.

6. Vielen hilft es, das Langsamwerden der Gedanken mit Bewegung und dem Atmen zu verbinden. Versuchen Sie es doch mit dieser ganz einfachen Übung: Im Stehen einatmen und beim Ausatmen ein paar Schritte gehen – bis die Luft zu Ende ist. Dann wieder stehen bleiben und einatmen. Erst dann wieder – ausatmend – einige Schritte gehen. Und immer weiter so, in aller Ruhe, Gelassenheit und Gemächlichkeit.

Übung der Stille – Praxis der Meditation

»Zur Ruhe kommen – wie macht man denn das?« werde ich häufig gefragt bei meinen Veranstaltungen und Seminaren. Oft werde ich zu diesem Thema eingeladen. In dem Cover-Booklet meiner CD mit Heilungsmeditationen habe ich die verschiedenen Etappen dabei genauer beschrieben. Denn das ist ein Prozess, ein Werden, ein Weg. Es geht nicht

»von jetzt auf gleich«, sondern hat Stadien, hat Etappen, braucht Schritte. Und ist doch nicht wie eine Stufenleiter oder Treppe zu verstehen, als steige es so einfach linear und kontinuierlich an, sondern es ist tatsächlich ein Weg mit Umwegen, mit Hindernissen, auch mit Rück-Schritten. Wichtig dabei ist es, immer den ganzen Menschen mit allen Sinnen einzubeziehen, den Weg ganzheitlich zu gehen. So ist es für viele beispielsweise nicht möglich, aus dem Stress gleich ganz in die Ruhe zu kommen. Ein guter Freund und Therapeut hat mir das vor vielen Jahren geraten, auch für meine Urlaubsplanung, indem er mir erklärte: Sofortiges Abschalten ist oft nicht möglich. Für viele ist erst noch eine Zeit der Aktivität, zahlreicher und konzentrierter Unternehmungen nötig, die sie als Voraussetzung brauchen, bis sie erst ganz langsam »ausrollen« können, wie ein Wasserrad, wenn das antreibende Wasser abgestellt ist und es sich noch eine Weile weiter und weiterdreht ...

Impuls Was brauche ich denn als gute, förderliche Voraussetzung, um dann zur Ruhe kommen zu können? Wie lange brauche ich das, wie viel davon? Denn die Begegnung mit der Stille gelingt oft nicht gleich und sofort, sondern auch dieses braucht Vorbereitung.

Die Reise nach innen

Im Folgenden möchte ich Ihnen eine Anregung zur Meditation wiedergeben von einem, von dem man so etwas nicht unbedingt erwartet und der uns doch freimütig einen Einblick in sein Meditieren gewährte: Es ist der Schwede Dag Hammarskjöld, der von 1953–61 Generalsekretär der UNO, der Vereinten Nationen war. Ihm wird die folgende Einführungs- und Meditationsübung zugeschrieben. [45]

Impuls Es lohnt sich, diesen denkwürdigen Text mehrmals am besten laut zu lesen. Sie könnten ihn beispielsweise auch für sich selbst auf eine Kassette sprechen und sich dann diese Kassette immer wieder in einer Zeit der Stille, Ungestörtheit und Abgeschiedenheit anhören. Lesen Sie sich ihn jedenfalls laut vor mit ruhiger und langsamer Stimme. »Die Reise nach innen«, die hier geschildert wird, hat nichts mit Weltflucht oder Müßiggang zu tun, sie ist ein notwendiges Atemholen, das den Strom der Alltagsgedanken unterbricht. Ein solches Atemholen kann für jeden von uns wohltuend sein und uns uns selber, dem inneren Kreativ- und Kräftepotenzial und Gott näher bringen, wie auch immer wir ihn verstehen ...

Ich sitze hier vor dir, Herr,
aufrecht und entspannt, mit geradem Rückgrat.
Ich lasse mein Gewicht senkrecht
durch meinen Körper hinuntersinken
auf den Boden, auf dem ich sitze.

Ich halte meinen Geist fest in meinem Körper.
Ich widerstehe seinem Drang,
aus dem Fenster zu entweichen,
an jedem anderen Ort zu sein als an diesem hier,
in der Zeit nach vorn und hinten auszuweichen,
um der Gegenwart zu entkommen.
Sanft und fest halte ich meinen Geist dort,
wo mein Körper ist:
hier in diesem Raum.

In diesem gegenwärtigen Augenblick
lasse ich alle meine Pläne, Sorgen und Ängste los.
Ich lege sie jetzt in deine Hände, Herr.

Ich lockere den Griff, mit dem ich sie halte,
und lasse sie dir.
Für den Augenblick überlasse ich sie dir.
Ich warte auf dich – erwartungsvoll.
Du kommst auf mich zu,
und ich lasse mich von dir tragen.

Ich beginne die Reise nach innen.
Ich reise in mich hinein,
zum innersten Kern meines Seins,
wo du wohnst.
An diesem tiefsten Punkt meines Wesens
bist du immer schon vor mir da,
schaffst und belebst, stärkst ohne Unterlass
meine ganze Person.

Und nun öffne ich meine Augen,
um dich in der Welt
der Dinge und Menschen zu schauen.
Ich nehme die Verantwortung für meine Zukunft
wieder auf mich.
Ich nehme meine Pläne, meine Sorgen
meine Ängste wieder auf.
Ich ergreife aufs Neue den Pflug.
Aber nun weiß ich,
dass deine Hand über der meinen liegt
und ihn mit der meinen ergreift.
Mit neuer Kraft trete ich die Reise
nach außen wieder an,
nicht mehr allein,
sondern mit meinem Schöpfer zusammen.

Der das sagt, ist kein beschaulich lebender Klostermensch. Als höchster politischer Beamter der Welt hatte Hammarskjöld nicht nur einen übervollen Terminkalender. Er war auch mit den großen Sorgen seiner Zeit befrachtet in der Zeit des Suez-Kriegs (1956), dem Volksaufstand im kommunistischen Ungarn im selben Jahr und der Kongo-Krise (1960/61) – in unermüdlichem, tatkräftigem Einsatz für Völkerverständigung und Frieden. Und doch erscheint er uns in seinen Tagebüchern als tiefgründiger Mystiker.[46]

Ziel dieser inneren Reise ist die Erfahrung Gottes: Gott wohnt – bildhaft gesprochen – im tiefsten Punkt meines Wesens. Von dort will er auf mich zukommen, wenn ich ihn erwarte, besser noch, wenn ich mich zu ihm aufmache. Diese Reise zu Gott ist eine Reise ohne Gepäck. Alles, was mich im Griff hat, Pläne, Sorgen, Ängste will ich dabei versuchen loszulassen. Führer auf dieser Reise ist der Atem. Sobald der Reisende in einer zweckmäßigen Weise Platz genommen hat und bereit ist, sich zu konzentrieren, kann eine innere Wandlung geschehen, die Begegnung mit dem »ganz anderen« und die Berührung mit dieser »sanften Stille verschwebenden Schweigens«.

Kraft aus der Stille

Joachim Ernst Berendt beschreibt die »Kraft aus der Stille« so: »Der indische Weise Poonja fasst die ganz Arbeit des › Inneren Weges‹ zusammen mit dem einen Satz: › SEI EINFACH STILLE‹ – und dann geschieht › es‹ .«

In der Stille kommst du nach Hause – in deine wahre Heimat, in die wahre Geborgenheit und in die wahre Freiheit. Stille öffnet dir einen Raum von unendlicher Weite, sie lässt, so Om C. Parkin »die Grenzen des Gefängnisses, in dem du dich befindest, schmelzen ... Je tiefer die Stille, desto mehr lässt du los. Erfahre dieses Loslassen bewusst. Bewahre es, nimm es mit, wenn du wieder »zurück« kommst. Je mehr du das Loslassen bewusst mitnimmst, desto gelassener wirst du in deinem Alltagsleben ... Stille – tiefe Stille – schafft Ehrfurcht, Demut, Hingabe, die alles übersteigen, was wir in Worten als Ehrfurcht, Demut, Hingabe beschreiben können. Sie schafft das Heilige. Gott – all seine Namen, alle Vorstellungen von ihm und um ihn sinken hinein in die Stille. Versinken in ihr wie in einen Ozean – und der ist das Meer des ewigen SEINS.«[47]

In diesen Bereich also taucht Elia ein – und wir mit ihm – und er erkennt plötzlich Gott ganz neu im Schweigen. Ähnlich wie Sören Kierkegaard, der dänische Theologe, Philosoph und Schriftsteller. Er beschreibt das mit folgenden Worten: »Als mein Gebet immer andächtiger und innerlicher wurde, da hatte ich immer weniger und weniger zu sagen. Zuletzt wurde ich ganz still. Ich wurde, was womöglich ein noch größerer Gegensatz zum Reden ist, ich wurde ein Hörer. Ich meinte erst, Beten sei Reden. Ich lernte aber, dass Beten nicht bloß Schweigen ist, sondern Hören. So ist es: Beten heißt nicht, sich selbst reden zu hören, beten heißt: still werden und still sein und warten, bis der Betende Gott hört.«[48] Und an anderer Stelle: »Der heutige Zustand der Welt, das ganze Leben ist krank. Wenn ich Arzt wäre und man mich fragte, was rätst du? – ich würde antworten: Schafft Schweigen.«

Impuls Machen Sie doch ernst damit und praktizieren Sie das. Die folgenden Verse können Sie dabei unterstützen und begleiten. Meditieren Sie bitte einmal die folgenden Zitate – vielleicht lernen Sie sie auch auswendig, damit Sie sie fortan auch inwendig jederzeit zur Verfügung haben:

Psalm 37,7: »Sei stille zu Gott und warte auf ihn.«
Psalm 62,2 und 6: »Meine Seele ist stille zu Gott, der mir hilft.«
Jesaja 7,4: »Hüte dich und sei still; fürchte dich nicht!«
Jesaja 30,15: »Wenn ihr stille werdet, so wird euch geholfen werden. Denn durch Stillesein und Hoffen werdet ihr stark sein.«
Gerhard Tersteegen:[49] »Du durchdringest alles; lass dein schönstes Lichte, Herr, berühren mein Gesichte. Wie die zarten Blumen willig sich entfalten und der Sonne stillehalten: Lass mich so, still und froh, deine Strahlen fassen und dich wirken lassen.«

Vielleicht tauchen auch Sie jetzt ein in diesen Bereich und erkennen plötzlich Gott ganz neu in Sanftheit, Stille und Schweigen. Und wie in Jesaja 30,15 erwähnt, kann uns durch Stillewerden geholfen werden. Die Übung der Stille ist damit ein elementares Nahrungsmittel für unsere Seele und unseren Geist. Große Künstler und Denker, wie zum Beispiel Leonardo da Vinci oder Martin Luther oder Albert Einstein haben darauf hingewiesen, dass sie das in ihrer Lebenspraxis jeden Tag ein bisschen suchen müssen und brauchen: ein paar Minuten Abstand und Stille. Wir werden es natürlich immer neu üben müssen, als etwas, das wir mitnehmen können in jede Situation. »Wenn ihr stille würdet, könnte euch geholfen werden ...« Also still werden – still – still – still. Mich ausruhen in der sanften Stille verschwebenden Schweigens ...

Impuls Sprechen Sie bitte in einer Ruhesituation sich selbst immer wieder den folgenden Satz zu: »Ich ruhe mich jetzt in Gottes Frieden aus.« Machen Sie das doch eine Zeit lang zu Ihrer Meditation. Vielleicht neu für Sie der Gedanke: Ich kann mich bei Gott ausruhen, muss nicht aktivistisch-agitatorisch sein, muss nichts bringen, nichts leisten, kein Bemühen, keine moralische Leistung, keine Anstrengung, keine Sorgfalt vorweisen, auch keine Erfolge, sondern ich darf wirklich »in Gott ruhen«.

Wenn Sie damit eine Zeit lang arbeiten, können Sie diesen Satz auch für sich variieren. Sie können zum Beispiel auch formulieren: »Ich ruhe mich jetzt in Gottes Liebe aus«, oder »Ich ruhe mich jetzt in Gottes Güte aus ... in Gottes Wohlgefallen, in Gottes Freude, in Gottes Nähe ...« Ganz gemäß dem Wunsch, den Jesus einmal für uns formulierte (Matthäus 11,29): »Ihr werdet Ruhe finden für eure Seelen, für euer Leben.«

Das war der wesentliche Punkt in Elias Leben, Seele und Persönlichkeit: die Korrektur seines Gottesverständnisses, eine Veränderung seines Gottesbildes und die neue Fähigkeit, Ruhe, Stille und Frieden zu finden. Und das wiederum geht nun meistens psychologisch existenziell einher auch mit einer Veränderung des eigenen Selbstbildes und der konkreten Lebenspraxis: Dann kann ich mit mir selbst auch anders umgehen lernen. Das ist der letzte Schritt in seinem Wandlungsprozess und auf dem Weg heraus aus der Krise, wie wir gleich sehen werden.

Entlastung finden

Der letzte Schritt ist schnell gesagt und doch ganz, ganz groß und eine große Veränderung. Es heißt nämlich, dass dieser Gott, der ihm hier in der sanften Stille verschwebenden Schweigens begegnet ist, ihm zwei Aufträge gibt: Der eine ist, er soll zwei Menschen salben zu Königen. Salben ist ein Ritual und eine Tätigkeit, bei der gesegnet wird, jemandem Gutes zugesprochen wird. Im Lateinischen heißt »segnen« »benedicere«, und das heißt einfach: Gutes sagen. Jetzt wird also dieser ehemals kämpferische Mann, der vor einigen Wochen 450 Priester der anderen, bekämpften Religion dahingeschlachtet hat, zu einem Boten des Friedens und des Segens. Weil er dieser sanften Stille verschwebenden Schweigens begegnet ist, wird er jetzt einer, der segnet und salbt. Das ist eine ganz neue, ganz andere Richtung. Sein letzter Schritt ist also gleich eine Veränderung für seine Praxis.

»Geh, geh deinen Weg zurück durch die Wüste ... und salbe Hasael zum König von Syrien und Jehu ... zum König von Israel! Elisa aber ... salbe zum Propheten an deiner statt, zu deinem Nachfolger« (1. Könige 19,15 und 16). Segnen, Gutes wünschen: Das ist sein neuer Auftrag. Für ihn selber scheint mir am bedeutendsten der Auftrag: »Salbe Elisa zum Propheten an deiner Stelle.« Das heißt: Suche dir einen Nachfolger, mache dich entbehrlich, überlege dir und sorge dafür, dass du nicht allein weiterziehen musst.

Er soll sich einen Nachfolger suchen, sozusagen einen Vertreter. Darin erfährt er, dass er sich Entlastung suchen darf. Dass er nicht immer und alles weiterhin alleine machen muss.

Impuls Kennen Sie das von sich: Diesen Anspruch, alles perfekt im Griff zu haben, alles alleine zu regeln, mit sich alleine zurande zu kommen? Woher kommt das? Haben Sie es nicht anders lernen können? Hatten Sie nur solche Modelle, von denen Sie das Leben gelernt haben, oder haben Sie schlechte Erfahrungen mit Teamarbeit und Arbeitsteilung? Aber haben Sie sich vielleicht durch das Einzelkämpfertum im Laufe der Jahre auch oft überfordert und überanstrengt? Immer »einsame Spitze« sein: Muss das so bleiben?!

Nicht alles alleine machen!

Ich meine, das ist ein wesentlicher Paukenschlag am Schluss dieses Wandlungsprozesses durch eine Krise hindurch: Entlastung finden. Wissen: Ich muss nicht alles alleine machen. Elia sucht dann Elisa, findet ihn, wirft einem alten Brauch folgend seinen Mantel über ihn und sagt ihm damit: Komm mit – und Elisa geht mit ihm und fürderhin sind die beiden zu zweit. Das ist der heiße Tipp für uns zum Schluss: Muss ich wirklich immer alles alleine machen? Oder trage ich an dieser Stelle noch ein altes Programm in meiner Seele herum: Sei stark, sei fit, streng dich an, sei perfekt, das musst du doch können, das muss man doch alleine können! Leider ist ja manchmal sogar sehr belasteten und gequälten Menschen der Weg zur Hilfe beinahe zu schwierig. Sie können oft nur schwer um Hilfe bitten. Oder gar eine Beratung, Seelsorge, eine Therapie aufzusuchen wird schwer, wenn man meint, man müsse alles alleine können. Oft erlebe ich das bei meinen Veranstaltungen, dass es in Gesprächen zunächst einmal darum gehen muss, die Bereitschaft anzubahnen, dass jemand für sich selbst Hilfe sucht – im Freundeskreis beispielsweise oder eben professionelle Hilfe bei Therapeut/innen, Supervisor/innen oder in Form von Praxisberatung oder Coaching. Manchmal steht ein Grundskript im Weg, eine Glaubensüberzeugung oder ein »Schwur«, den man in hilflosen und enttäuschenden Situationen vielleicht schon in frühester Kindheit geleistet hat: »Bloß nie mehr hilflos sein, bloß nie mehr angewiesen sein auf jemanden. Ich kann selber!«

Impuls Welche Antreiber, Glaubensüberzeugungen oder inneren Programme prägen Sie? Aber wichtiger die Frage: Wie kann da Neues entstehen? Ich darf mir helfen lassen. Wie kann ich den Wert von Beziehung, von Kollegialität, eines Teams, den Wert von Freundschaft, einer »Seilschaft« für mich völlig neu erfahren und erleben?

Schon im ersten Buch der Bibel (Genesis/1. Mose 1,28) wird festgestellt: »Es ist nicht gut, dass der Mensch alleine sei.« Und Gott hat ihm eine Entsprechung an seine Seite gegeben, ein Gegenüber. In dem berühmten dreistündigen Gandhi-Film ist es mir sehr aufgefallen und eindrücklich in Erinnerung geblieben, dass die beiden sich bei ihrer Eheschließung »Freundschaft« versprechen. Nicht etwa ewige romantische Liebe – das ist – realistisch betrachtet – wohl zu viel verlangt und wäre unrealistisch. Hier ist ein nüchternes und pragmatisches Eheverständnis zu Grunde gelegt.

Aber nicht nur durch Zweierschaft und Lebensgemeinschaft ist Entlastung zu finden, sondern durch Freunde generell, durch Menschen überhaupt, beispielsweise in der Berufswelt.

Delegation

Viele Führungskräfte klagen über Überlastung, auch die Schwierigkeit, in ihrer Position kein Gegenüber zu haben, sondern ständig »einsame Spitze« zu sein – und oftmals auch darüber, wie vieles an ihnen allein hängen bleibt an Aufgaben, Pflichten und Verantwortung. Wenn man dann darüber spricht, kommt man früher oder später zum Stichwort »Delegation«. Manchmal ist Mitarbeitenden auf den verschiedensten Hierarchie-Ebenen in ihren Institutionen, Firmen und Arbeitsstellen gar nicht genügend klar, wie viel Erleichterung und Entlastung darin stecken würde, wenn sie an die Möglichkeit des Delegierens denken würden und dabei folgende Regeln beachten würden:

- Mit der Aufgabe auch die Befugnisse und die Verantwortung delegieren!
- Aufgaben- und mitarbeitergerecht informieren.
- So frühzeitig wie möglich delegieren.
- Eine Aufgabe nur *einem* Mitarbeitenden delegieren und klar zuordnen.
- Die Auslastung des oder der Mitarbeitenden feststellen und berücksichtigen.
- Die Delegation nicht durchbrechen.
- Ausführung und/oder Erfolg kontrollieren.
- Der oder dem Mitarbeitenden Rückmeldung geben (Feed-back als Anerkennung und Kritik).

Wenn Sie sich an diese Regeln halten, in Besprechungen sehr genau darauf achten, dass auch jeweils ganz konkret festgelegt wird, wer was (bis) wann zu übernehmen hat, und wenn Sie dann die entsprechenden Aufgaben, Befugnisse, Verantwortung und damit verbundenen Entscheidungen auch wirklich loslassen und den beauftragten Personen überlassen, so werden Sie merken, wie viel Kräfte dabei frei werden und wie viel Motivation auch für Ihre Mitarbeiter/innen dadurch entsteht, dass Sie ihnen eigenständiges Arbeiten ermöglichen und auch zutrauen. So können neue Freude an der Arbeit und neuer Schwung die ganze Betriebs- und Arbeitsatmosphäre verändern. Dasselbe gilt aber auch für die Familie und die Vermeidung von Überlastung dort, durch Zusammenhelfen, Aufgabenteilung und Delegation.

Damit das auch tatsächlich funktioniert und wirklich zu einer Entlastung führt im beruflichen und/oder familiären Umfeld, wenn wir Aufgaben und Projekte in der beschriebenen Weise delegieren, muss man sich jedoch Folgendes sehr strikt klar machen: Delegieren heißt wirklich abgeben und die Sache der oder dem anderen überlassen. Das darf dann nicht dominiert sein von meinem eigenen Perfektionismus etwa, überschattet von Besserwisserei oder dem Gefühl, das alles doch eigentlich besser, genauer, gründlicher und schneller erledigen zu können, wenn ich es selber täte. Es ist der tatsächliche Verzicht auf Einflussnahme für die Durchführung dieser konkreten Angelegenheit. Nur dann wird es für mich selbst eine Erleichterung und Entlastung und nur dann ist das auch für die beauftragte Person befriedigend und erfüllend, wenn sie ganz ernst genommen und anerkannt wird. Und es kann eine Freude werden für Sie selbst.

Vor einiger Zeit habe ich einen weisen alten Mann kennen gelernt und besucht. Er hat viele Bücher geschrieben, ist sehr bekannt, inzwischen 75 und hat mir voller Freude erzählt: »Seit ich 73 bin, schreibe ich nichts mehr. Es gibt ja andere begabte Leute! ›Der Geist weht, wo er will.‹ Und der Geist hat ganz wunderbare Möglichkeiten, durch andere Leute das jetzt zu tun, was früher meine Aufgabe war. Ich habe das jahrelang gemacht, sehr gerne und sehr gut, und jetzt machen das andere. Und ich bin dabei glücklich und in Ruhe. Jetzt ist meine Aufgabe zu Ende. Ich muss nicht alles alleine machen.«

Das hat mich nachdenklich gemacht und mich angeregt vielleicht auch selbst zu überprüfen: Wo gibt es solche Menschen außen auch in meinem Leben, wo ich etwas abgeben kann? Und Sie fragen sich am besten gleich mit, wo es in Ihrem Leben solche Möglichkeiten gibt.

Heilsame Zweierschaft

Jesus hat seine Jüngerinnen und Jünger ausgeschickt, sie sollen in die Lande gehen und verkündigen und heilen und er hat sie *ausdrücklich* zu zweit geschickt. Wir sind ja oft gerade in helfenden Berufen, in Bereichen mit christlicher Prägung, in der Familienarbeit zu Hause oder auch in Führungspositionen geprägt von jenem Einzelkämpfertum, wo man nur zu leicht vergisst und aus dem Blick verliert: Es gibt außer mir noch jemanden. Im Gegenteil, viele haben meistens das Gefühl, sie müssten alles alleine machen. Und dann fühlt man sich auch entsprechend alleine gelassen. Und dann klagt man – wie das ja unser Freund Elia auch getan hat – »ich bin allein übrig geblieben«. Und hier in der Geschichte kommt nun als letzter Heilungsschritt: Heraus aus Überstrapaziertheit, aus dem Ausgebranntsein, aus dem Tief der eigenen Lebenskrise: Du musst nicht alleine weiterwursteln, sondern such dir einen und geh mit ihm zusammen. Gerade wenn Sie jemand sind, der viel und ständig für andere da ist, mit anderen zusammen sein muss und viel Verantwortung trägt, ist das vielleicht wie ein wahres Abschiedsgeschenk. Wir müssen ja am Ende dieses Weges durch eine Krise, Erschöpfung oder Depression hindurch wieder zurück ins »normale Leben«. Elia geht dann ja auch weg aus dieser Situation, die ihm so wohl getan hat, von dem Berg, wo er neue Erkenntnisse hatte, von der Höhle, wo er sich zurückziehen konnte. Er geht neu in den »Dienst«. So wie wir nun am Ende dieses Buches dieses vertraute Zusammensein des Lesens und des fiktiven Dialoges bald verlassen müssen, um alles Erkannte umzusetzen und mit Leben zu füllen.

Jesus hat seine Leute zu zweit ausgeschickt, nie einen allein. Und in besonders wichtige oder schwierige Situationen ist er selbst auch nicht alleine hineingegangen, sondern hat gerne eine Dreiergruppe um sich gebildet: Beispielsweise in der Geschichte mit der jungen Frau, die er zurück ins Leben geführt hat (Markus 5,37), oder bei jener Vision und »Verklärung« in Markus 9,2, da nahm er Petrus, Jakobus und Johannes mit. Die drei bat er auch in seiner schwersten Stunde vor seiner Hinrichtung, im Garten Gethsemane, ihn durch Wachen und im Gebet zu unterstützen (Markus 14,33). Es zeigt sich, dass auch Jesus in besonderen Situationen die Nähe und Unterstützung anderer suchte und brauchte und nicht alleine sein wollte. Und auch Paulus war bei seinen so genannten »Missionsreisen«, wie sie die Apostelgeschichte uns erzählt, immer zu zweit unterwegs. Man muss nicht alles alleine können. Ich darf mir Hilfe suchen, ich darf mir Unterstützung holen, eine Begleiterin oder einen Begleiter.

Hilfreiches Teilen

Ob also Entlastung nun auf dem Wege der Delegation geschieht, wie wir es oben beschrieben haben, ob über das Einweihen eines Freundes/einer Freundin in meine Lage, ob durch das Nutzen der Hilfsangebote von Beratungsstellen, psychologischer Psychotherapie, von erfahrenen und kompetenten Seelsorger/innen oder auf dem Wege von Supervision, Coaching oder eines speziellen Trainings: Allen Wegen gemeinsam ist dies: Herauszutreten aus der Einsamkeit, dem Einzelkämpfertum, dem Gefühl, immer alles alleine tun zu müssen und stattdessen zu teilen anfangen: Lasten, Verantwortung, Freuden, Pläne, Sorgen, Ängste, Bedenken teilen.

Impuls

1. Mit wem kann ich sprechen über Privates/Familiäres, über Geschäftlich/Dienstliches, über ganz Intimes? Haben Sie so jemanden schon? Wie finden Sie so jemanden für sich?

2. Machen Sie sich bitte eine Liste von zehn Menschen, die Sie in einer Situation anrufen können, wenn Sie Rat, Zuhören, Beistand, Trost brauchen. Am besten in Postkartenformat, damit Sie diese Karte immer bei sich tragen können. Davon wird dann im Notfall hoffentlich wenigstens eine Person erreichbar sein ...

3. Machen Sie sich bitte eine ebensolche Liste entlastender Tätigkeiten, die Ihnen wohl tun, die Sie stärken, aufbauen, nach dem Motto: Was tut mir gut? Was baut mich auf? Was stärkt mich? Beschreiben Sie das so konkret wie möglich auf der Rückseite Ihrer »Menschenliste« von Impuls 2.

Selbsthilfegruppen

So wie Sie im Impuls 2 nach Menschen gesucht haben, mit denen Sie Kontakt aufnehmen können und in denen Sie jemanden finden, wo Sie (beispielsweise auch am Telefon) einfach sagen können: »Du, ich habe da Dinge erlebt, die kann ich nicht verkraften, da möchte ich gerne darüber reden, oder die freuen mich so, das möchte ich gerne vertiefen.« Um das weiter zu praktizieren, müssen wir Menschen suchen. Außerdem gibt es ja das Konzept von Selbsthilfegruppen für verschiedenste Lebensbereiche. Kennen Sie bereits Selbsthilfegruppen? Gruppen, wo Menschen mit ähnlichen Problemen, Lebensthemen oder Erkrankungen sich zusammentun, regelmäßig treffen und miteinander Erfahrungen austauschen. Da gibt es zum Beispiel Alkoholiker/innen-Gruppen oder Suchtangehörigen-Gruppen, Gruppen für Bluthochdruckpatienten, für Psychiatrieentlassene, für Multiple-Sklerose-Kranke wie auch für Menschen mit emotionalen Problemen. Und es gibt »Helpers Anonymous«, für Menschen in helfenden Berufen oder auch speziell solche für Burn-out-Geschädigte oder zur Prophylaxe. Michael Lukas Moeller hat die positive Wirkung solcher Gruppen genauer untersucht, hilfreiche Kriterien und Gestaltungshilfen erarbeitet und genauere Anleitung in seinem Buch gegeben.[50]

Mehrere Gründe machen den regelmäßigen Besuch solcher Gruppen so wertvoll: Die Gruppe hilft zur Stabilisierung in Krisensituationen und zur Motivierung, im eigenen Veränderungsprozess »am Ball zu bleiben«. Bei Fortschritten hilft sie zur Stabilisierung des Erfahrenen und Gelernten, zum inneren, seelisch-geistlichen Weiterwachsen und Weiterüben. Durch den Zusammenschluss in solchen Gruppen kann man die eigene Selbstdestruktivität und Hoffnungslosigkeit möglicherweise unterwandern. Es ist ein jahrtausendelang erprobtes Prinzip, dass die Organisation von kleinen Gruppen und kleinen »Zellen« Menschen gegenseitig stärken kann. Das war in der ersten Christenheit und ihrer Verfolgungszeit so, das war erfolgreich in Zeiten des Widerstandes im Dritten Reich oder in der Guerillaarbeit der Vietkongs und der »Roten Zellen«, die ihre politische Arbeit in kleinen Gruppen, organisierten »Zellen«, planten, Erfolge und Misserfolge nachbesprachen und analysierten, um daraus zu lernen und sich gegenseitig zu stärken und zum Durchhalten zu ermutigen. Mit denselben Strukturen können wir für unser Leben hier und heute auch Selbsthilfe- und Stabilisierungsprogramme selbst organisieren!

Impuls Wenn es eine für Sie passende Gruppe in Ihrer Umgebung noch nicht gibt, wenn Sie sagen müssen: »Ach, ich kenne ja keine in meiner Nähe«, dann wäre das direkt eine Chance für Sie. Denn dann können Sie sich überlegen: Ich fange selbst so etwas an. Ich spreche Leute an und sage: »Geht es euch auch so? Wir sind in unserem Leben immer so gefordert, immer schwer belastet – und was tun wir eigentlich für uns selbst? Ich würde gerne jede Woche oder alle zwei Wochen ein paar Leute einladen, dass wir uns da miteinander über die Schwierigkeiten unterhalten, die jede und jeder damit hat, und uns gegenseitig Hilfestellung leisten können.«[51]

Aber es gibt neben der eben genannten »Hilfe zur Selbsthilfe« durch Gruppen noch ganz andere Gesprächs-, Begleitungs- und Entlastungsmöglichkeiten.

Himmlische und innere Begleiter: Das innere Team

Zu mir sagte vor Jahren in einer schweren Situation eine »Heilerin«, die viel Erfahrung hat mit der Wirkung von Gebet und Glaubensheilung: »Sie brauchen starke Begleiter« – und damit meinte sie nicht nur hilfreiche Freunde, Bekannte und Kolleg/innen. Denn es gibt daneben auch die »guten Mächte«, wie Dietrich Bonhoeffer sie nennt, irdische und himmlische Begleiter/innen. Wie erkannte doch schon Shakespeare: Es gibt viele Energien und Kräfte »zwischen Himmel und Erde, von denen sich unsere Menschenweisheit nichts träumen lässt«.

Auch in der Psychotherapie verwenden wir manchmal das Bild des »inneren Teams«.[52] Dabei werden die verschiedenen seelischen Aspekte in uns, die Neigungen, Stimmungen oder

Stimmen personifiziert, sodass man bewusst mit ihnen Kontakt aufnehmen, in einen Dialog treten und mit ihnen verhandeln kann. Eine sehr hilfreiche Methode für einen besseren Umgang mit sich selbst, zu einem gelingenden Selbst-Management!

Vor Jahren erzählte mir eine Kollegin aus der Erziehungsberatung von einem Vater, der an jenen Abenden, wo er für das Zubettbringen der Kinder zuständig war, weil seine Frau eigene Pläne hatte, immer große Schwierigkeiten damit hatte. Die Kinder wollten ihm einfach nicht gehorchen, auch wenn er noch so selbstbewusst und klar betonte, dass es doch jetzt Zeit sei, um ins Bett zu gehen. Davon sprach er in einer Beratungsstunde mit seiner Therapeutin. Sie riet ihm: »Nehmen Sie doch zukünftig in solch eine Situation zwei überzeugende Persönlichkeiten mit, die Sie in Ihrer Vorstellung links und rechts neben sich gehen haben, mit denen Sie unterhaken und gemeinsam losgehen! Wie mit einem inneren Team. Wer ist denn in Ihren Augen jemand, der überzeugend, stark, diplomatisch und doch unüberwindlich vorgehen kann? Wer hat Ihrer Ansicht nach die Qualitäten, die Ihnen fehlen? Wer verkörpert das, was Sie brauchen? Und den nehmen Sie dann in Ihrer Vorstellung mit.« Der Mann überlegte kurz und nannte dann John F. Kennedy und Martin Luther King. Dann machten die beiden aus, dass er sich in einer Visualisierungsübung diese beiden Persönlichkeiten an seiner Seite vorstellt und seinen Kontakt mit ihnen, und wie er sie dann beim nächsten Abend, an dem er wieder für das Zubettbringen der Kinder zuständig ist, in die Situation mitnimmt.

Beim nächsten Mal kam der Mann strahlend zurück und berichtete von seinem großen Erfolg. Ich selbst habe das häufig in Gruppen ausprobiert: Wo ist eine für mich schwierige Situation und wen brauche ich dabei als innere Repräsentanz, als Inbegriff jener Qualität, die mir bisher fehlt, als Aktivierung von Eigenschaften, die ich gerne erwerben möchte: Wer verkörpert das für mich? Den nimmt man dann auf in sein inneres Team.

Impuls Stellen Sie sich bitte in diesem Sinne Ihr »inneres Team« zusammen: Das kann ja – wie auch beispielsweise bei einer Fußballmannschaft – auswechselbar sein, je nach Situation. Sie brauchen jedenfalls starke Begleiter/innen! Das können Menschen sein, die Sie kennen aus Filmen, Romanen, eigenen Erfahrungen oder religiösen Traditionen, die Ihnen vertraut sind aus Kinderbüchern oder Ihrer Fantasie, es können berühmte Persönlichkeiten aus der Weltgeschichte sein oder göttliche Kräfte und Mächte, Ihr Schutzengel oder dergleichen. Es geht dabei um eine Typisierung, darum, dass diese Figur Eigenschaften, Erfahrungen und Qualitäten beinhaltet und repräsentiert, die Sie in sich zu wecken wünschen, die Sie brauchen und in sich aktivieren möchten. Sie können dann beispielsweise aus einer Schnur einen Kreis formen, in den Sie sich selbst hineinstellen und jede einzelne Teamperson bewusst in Ihr Team mit aufnehmen mit den lauten Worten: »... (Name), ich nehme dich jetzt in mein Team auf.« Und dann werden Sie Ihre Erfahrungen damit machen!

Solche Herangehensweisen an Probleme kennen Sie vielleicht auch von den Initiationsriten der Urvölker. Und wir können solche bewährten Rituale vielleicht heute für uns neu mit Erfolg wiedergewinnen. Ein gesunder Glaube und eine stärkende Religion bieten dabei zusätzlich wirksame Hilfe an: Psalm 91, 11 und 12 spricht von den Engeln, die uns begleiten auf unseren Wegen, behüten und auf Händen tragen. Oder in Hebräer 11,1 ist die Rede von einer »Wolke von Zeugen«, die wir um uns haben: Menschen, die den Weg des Vertrauens, des Glaubens vor uns gegangen sind und uns nun hilfreich umgeben können. Nicht umsonst drückt Dietrich Bonhoeffer in seinem berühmt gewordenen Lied seine Hoffnung so aus:[53] »Von guten Mächten wunderbar geborgen, erwarten wir getrost was kommen mag« – von ganz irdischen und ganz himmlischen und allem dazwischen ...

Impuls 1. Wen könnten Sie als Begleiter in Ihrem inneren Team gebrauchen? Wen werden Sie in dem oben beschriebenen Ritual – als innere Repräsentanz, Qualität, Aktivierung ersehnter Eigenschaften – zu sich einladen?

2. Von einem solchen inneren Team spricht auch ein alter jüdischer Segen, in dem es heißt: »Uriel sei vor dir, Michael zu deiner Rechten, Gabriel zu deiner Linken, Raphael hinter dir und über und unter dir die Schechina Gottes, seine heilig-heilende Gegenwart.«[54] Können Sie sich das bildhaft vorstellen? Versuchen Sie doch bitte, es in einer Meditation konkret zu visualisieren, mit Gefühl zu verbinden und dann im Vertrauen auf solch himmlischen Schutz gelassen und geschützt (»ich bin geborgen und sicher«) in schwierige Situationen hineinzugehen. Ein Übungsweg, der nach meiner Erfahrung viel Zeit, Intensität und Bewusstheit braucht, aber der sich lohnt!

3. Meditieren Sie bitte in diesem Zusammenhang auch das Bibelwort »Siehe, ich sende einen Engel/Boten vor dir her, der dich behüte auf dem Wege« (Exodus/ 2. Mose 23,20; vergl. Genesis/ 1. Mose 24,7: »Gott wird seinen Engel mit dir/vor dir hersenden.«). Ein himmlisches Team! Ähnlich wie in der biblischen Legende von Tobit/Tobias, die sich durchaus lohnt, einmal nachzulesen.

Es geht also darum, ganz konkret Entlastung zu finden zunächst durch Menschen, mit denen wir Aufgaben teilen durch Delegation, denen wir uns anvertrauen, um mit inneren Nöten, Sorgen und Gedanken nicht alleine bleiben zu müssen, oder durch Menschen, die wir – kraft unserer Vorstellung und Visualisation – zu uns ins »innere Team« holen als Unterstützung und Aktivierung benötigter Seelenkräfte und Persönlichkeitsqualitäten. Oder durch jene guten Mächte, die als spirituell wirksame Kräfte unser Leben begleiten, stärken und erneuern können.[55]

Der Kern- und Angelpunkt bei diesem entscheidenden letzten Schritt ist es also, nicht nur zu warten, klagend dazusitzen und eventuell frustriert zu sein oder zu bleiben, sondern selber zu handeln, aktiv zu werden und es zu schaffen, Unterstützung und Entlastung zu suchen und zu finden für mich und meine Situation. Und dabei gibt es viele Wege, wenn ich nur anfange, mich zu öffnen, zu zeigen, zu artikulieren und meine Wahrheit auszudrücken. Denn »gemeinsam sind wir stärker ...«

Ausblick

Nun sind wir gemeinsam mit Elia – und hoffentlich auch mit uns selbst – die vielen Etappen, Stadien, »Schritte« seines Weges gegangen. Ich hoffe und wünsche Ihnen von Herzen, dass es nun in Ihrem eigenen Leben möglich wird, das anzuwenden, umzusetzen und Stück für Stück zu praktizieren, was wir entdeckt und besprochen haben. Denn auf die Anwendung kommt es an. »Es ist das neue Tun, das uns verändert und heilt«, gibt mir selbst wieder und wieder mein geschätzter und erfahrener Therapeut mit auf den Weg.

Ein Ganzheitsmodell

Wenn wir uns nun bei den einzelnen Schritten rückblickend noch einmal anschauen, welchen Aspekt der Einheit von Körper, Seele, Geist und »Herz« sie besonders betonen, so fällt auf, dass natürlich alle ganzheitlich wirken, jeder aber einen besonderen Schwerpunkt in einem dieser verschiedenen Erlebens- und Seinsfacetten von uns hat – immer mit Auswirkungen auf das ganze Leben: Denn die entwickelten 12 Schritte sind schließlich ein ganzheitliches Krisenbewältigungsmodell:

1. Schritt: Schwerpunkt Körper: Bewegung, Laufen – mit all den guten Wirkungen auf die gesamte Person und Befindlichkeit.

2. Schritt: Schwerpunkt Seele: Klage, Gefühle von Lebensmüdigkeit, Niedergeschlagenheit und auch Wut und zugleich auch die geistige Einsicht in die eigene Begrenztheit.

3. Schritt: Schwerpunkt Körper – Geist: Zur Ruhe kommen, Entspannung und Frieden finden, zugleich mit all der guten und lösenden Wirkung auf Körper und Seele.

4. Schritt: Schwerpunkt »Herz«: Begegnung, Berührung und Beziehung zu einem »Engel«, einem Boten der Kraft, Hilfe und Ermutigung, die zugleich auch Seele, Geist und Körper stärkt.

5. Schritt: Schwerpunkt Körper: Essen und Trinken, der wohltuende Rahmen, der den ganzen Menschen stärkt.

6. Schritt: Schwerpunkt Seele: Zuspruch und Gespräch, indem sich zugleich die Beziehungsqualität des Herzens ausdrückt und so vieles lösen kann.

7. Schritt: Schwerpunkt Geist: Distanz aufnehmen »genug weit entfernt« sein, Ruhe finden für Geist und Seele.

8. Schritt: Schwerpunkt »Herz«: Bei mir selbst einkehren: Meine Beziehung zu mir selbst pflegen in einer konstruktiven Regressionszeit, die Körper, Seele und Geist gut tut.

9. Schritt: Schwerpunkt Geist: Lebensbilanz ziehen und Zukunftsperspektiven entwerfen: Was macht mein Leben aus und wo will ich hin? Die Übung der Neuorientierung für Seele und Geist.

10. Schritt: Schwerpunkt Seele, Geist und Herz: Mein Gottes- und Lebensverständnis, Überprüfung meiner eigenen Grundwerte und ihre Wirkung auf meine Art zu leben.

11. Schritt: Schwerpunkt Geist: Eintauchen in Stille und Meditation, dem Körper und der Seele Ruhe schenken, bis das »Herz« aufhört, unruhig zu sein, und endlich in der Tiefe oder in der Höhe Ruhe finden kann.

12. Schritt: Schwerpunkt »Herz«: Konkrete Entlastung finden durch eine hilfreiche Beziehung; Zweierschaft; den Mut, nicht alles weiterhin alleine machen zu müssen – mit all den guten Wirkungen solcher Entlastung für das gesamte Leben und den ganzen Menschen.

Wie Sie sehen, ist bei diesem Weg wirklich für jede Seite des Menschen etwas dabei. Natürlich lässt sich nicht schematisieren und nicht wirklich aufteilen, was eine Ganzheit ist und was wir mit der indianischen Medizinfrau Brooke Medicine Eagle als vier unverzichtbare, nicht voneinander trennbare Aspekte unseres Menschseins kennen gelernt haben, die in ständiger Wechselbeziehung unbedingt stets miteinander in Beziehung stehen.

Impuls Würden Sie bei Ihrem Überlegen vielleicht die Schwerpunkte ganz anders benennen? Das ist ja sehr anregend und auch darüber könnten Sie gleich wieder ins Gespräch eintreten mit Menschen Ihres Vertrauens, im Bekannten- und Freundeskreis oder in Gruppen.

Einzelne Schritte

Wie eingangs schon betont, möchte ich auch am Schluss dieses Buches ausdrücklich noch einmal darauf hinweisen, dass es sich bei den betrachteten 12 Schritten keineswegs um eine Treppe, Stufenleiter oder etwa gar eine zwingende Reihenfolge handelt. Nein, die Stufen oder Schritte sind natürlich auswechselbar, Schritt 12 kann beispielsweise schon nach 6 oder auch eher kommen und umgekehrt. Ganz sicher also nicht dogmatisch zu verstehen, beschreiben sie meiner Erfahrung nach jedoch recht umfassend und vollständig die verschiedenen Seiten und Aspekte, die wir für eine echte Heilung und für eine dauerhafte Überwindung von Burn-out, chronischer Erschöpfung oder einer Erschöpfungsdepression – wie auch jeder anderen tiefen seelischen Krise – berücksichtigen müssen. Wir tun daher gut daran, alle Schritte im Laufe der Zeit –

in welcher Reihenfolge auch immer – zu be-»schreiten« und ins Leben einzubauen. Dann werden Sie befreiende Erfahrungen machen auf Ihrem Krisen-Bewältigungs-Weg.

Der wichtigste Schritt

Während ich jahrelang an diesem Buch arbeitete, war für mich ein Gedanke immer besonders bedrängend und wichtig: Selbst machen, selbst leben, selbst tun, was ich hier für andere schreibe. Verstehen Sie: Damit ich nicht alles Gute hier anderen empfehle und nahe bringe – und dabei selbst versäume, es in meinem eigenen Leben in die Tat umzusetzen. Und ich bin dabei, das immer wieder und immer neu ernsthaft und konkret zu üben!

Aber nun ist es an Ihnen: Alles Wissen, alle Überzeugung auch von Richtig- und Notwendigkeit der zwölf Schritte hilft Ihnen rein gar nichts, wenn Sie es nicht leibhaft werden lassen in Ihrem Leben, verwirklichen in Ihrem täglichen Umgang mit sich und anderen. Denn alle Einsichten helfen Ihnen nur dann, wenn Sie sie umsetzen, das »große Geld« sozusagen in »kleine Münze« des Alltags umwechseln.

Vielleicht tun Sie sich ja auch mit anderen zusammen, denen es ähnlich geht und die auch diese Schritte üben. Treten Sie aus der Einsamkeit heraus – so wie es Schritt 12 empfiehlt. Wenn Sie wollen, können Sie mir auch gerne über die Verlagsadresse Ihre Erfahrungen mitteilen. Ich würde mich sehr darüber freuen. Unter Hans Gerhard Behringer, c/o Kösel-Verlag, Flüggenstraße 2, D-80639 München können Sie mir schreiben.

Anhang

Der Text der zugrunde gelegten Geschichte aus der Bibel stammt aus dem Buch 1. Könige 19 und wird hier[56] nach der ökumenischen Übersetzung aus der »Gute Nachricht Bibel« Stuttgart 2000 wiedergegeben (Verse 1-16):

1. Könige 19, 1-16

1 Ahab berichtete Isebel alles, was Elia getan und dass er alle Propheten Baals umgebracht hatte.

2 Da schickte Isebel einen Boten zu Elia und ließ ihm sagen: »Die Götter sollen mich strafen, wenn ich dich morgen um diese Zeit nicht ebenso umbringen werde, wie du meine Propheten umgebracht hast!«

3 Da packte Elia die Angst, und er floh, um sein Leben zu retten. In Beerscheba an der Südgrenze von Juda ließ er seinen Diener zurück

4 und wanderte allein weiter, einen Tag lang nach Süden in die Steppe hinein. Dann setzte er sich unter einen Ginsterstrauch und wünschte den Tod herbei. »Herr, ich kann nicht mehr«, seufzte er. »Lass mich sterben! Ich bin nicht besser als meine Vorfahren.«

5 Dann legte er sich unter den Ginsterstrauch und schlief ein. Aber ein Engel kam, rührte ihn an und sagte: »Steh auf und iss!«

6 Als Elia sich umschaute, entdeckte er hinter seinem Kopf ein frisches Fladenbrot und einen Krug mit Wasser. Er aß und trank und legte sich wieder schlafen.

7 Aber der Engel des Herrn rührte ihn an noch einmal und sagte: »Steh auf und iss! Du hast einen weiten Weg vor dir!«

8 Elia stand auf, aß und trank und machte sich auf den Weg. Er war so gestärkt, dass er 40 Tage und Nächte ununterbrochen wanderte, bis er zum Berg Gottes, dem Horeb, kam.

9 Dort ging er in die Höhle hinein und übernachtete darin. Da
hörte er plötzlich die Stimme des Herrn: »Elia, was willst du
hier?«
10 Elia antwortete: »Herr, ich habe mich leidenschaftlich für
dich, den Gott Israels und der ganzen Welt, eingesetzt; denn
die Leute von Israel haben den Bund gebrochen, den du mit
ihnen geschlossen hast; sie haben deine Altäre niedergeris-
sen und deine Propheten umgebracht. Ich allein bin übrig
geblieben und nun wollen sie auch mich noch töten.«
11 Der Herr sagte: »Komm aus der Höhle und tritt auf den
Berg vor mich hin! Ich werde an dir vorübergehen!« Da kam
ein Sturm, der an der Bergwand rüttelte, dass die Felsbro-
cken flogen. Aber der Herr war nicht im Sturm. Als der
Sturm vorüber war, kam ein starkes Erdbeben. Aber der
Herr war nicht im Erdbeben.
12 Als das Beben vorüber war, kam ein loderndes Feuer. Aber
der Herr war nicht im Feuer. Als das Feuer vorüber war,
kam ein ganz leiser Hauch.
13 Da verhüllte Elia sein Gesicht mit dem Mantel, trat vor und
stellte sich in den Eingang der Höhle. Eine Stimme fragte
ihn: »Elia, was willst du hier?«
14 Er antwortete: »Herr ich habe mich leidenschaftlich für
dich, den Gott Israels und der ganzen Welt, eingesetzt, denn
die Leute von Israel haben den Bund gebrochen, den du mit
ihnen geschlossen hast; sie haben deine Altäre niedergeris-
sen und deine Propheten umgebracht. Ich allein bin übrig
geblieben, und nun wollen sie auch mich noch töten.«
15 Da befahl ihm der Herr: »Geh den Weg zurück, den du ge-
kommen bist! Geh bis nach Damaskus und salbe dort Hasa-
el zum König von Syrien.
16 Darauf salbe Jehu, den Sohn von Nimschi, zum König von
Israel und Elischa, den Sohn Schafats aus dem Dorf
Abel-Mehola, zum Propheten, zu deinem Nachfolger.«

Anmerkungen mit Literaturempfehlungen

Die Anmerkungen beinhalten sowohl Nachweise über von mir verwendete als auch Hinweise auf aus meiner Sicht empfehlens- und lesenswerte Literatur. Sie sind somit zugleich als Verzeichnis vertiefender und weiterführender Literatur gedacht.

1 *Hans Gerhard Behringer:* Die Heilkraft der Feste – Der Jahreskreis als Lebenshilfe, München, 5. Auflage 2004.
2 *Hans Gerhard Behringer:* Geheilt werden – Biblische Wundergeschichten als Lebenshilfe, München 2002.
3 *Myron Rush:* Brennen ohne auszubrennen: Das Burnout-Syndrom – Behandlung und Vorbeugung, Asslar, 2. Auflage 2002, S. 7 ff.
4 Vergl. zu diesem Kapitel Genaueres in der wertvollen Ansprache von *Waldemar Pisarsky* am 28.1.2001 im Bayerischen Rundfunk, 2. Programm (BR II), 9:00–9:30 Uhr, zum Thema »Burn-out«.
5 Vergleiche SWR 3-Sendung vom 24.3.04, 14.00 Uhr: »Planet Wissen«, Film »Fernöstliche Heilkunde: Vietnam«. Die besondere Freude bei allem Tun und ihre gesundheitsfördernde, immunstimulierende und krankheitsverhindernde Wirkung beschreibt das sehr lesenswerte Buch des Hawaianischen Psychologen *Paul Pearsal*: Aloha, die Lust am Leben – Lebensfreude auf polynesisch, Freiburg 2000 – mit vielen neuen Forschungsergebnissen der Gesundheitspsychologie und Psycho-Neuro-Immonulogie.
6 *Käthe Recheis* und *Georg Bydlinski*: Weißt du, dass die Bäume reden, Weisheit der Indianer, Wien-Freiburg-Basel, 12. Auflage 2000, S. 11.
7 Man beachte in diesem Zusammenhang die große Bedeutung der Symbolik des Baumes in der biblischen Tradition (von Genesis/1. Mose 3, am Anfang der Bibel, über das Kreuz als Baum bis hin zu Apokalypse/Offenbarung 22 am Ende), in vielen Religionen überhaupt, aber auch in vielen

Märchen, Mythen und Sagen von Völkern. Genaueres in der einschlägigen tiefenpsychologischen, religions- und völkerkundlichen Literatur.

8 Nach der Luther- und der Einheitsübersetzung, den hebräischen Auslegern und auch der Verstehensweise des Kirchenvaters Hieronymus ist in 1. Könige 19, 4 + 5 der Wacholderbaum gemeint. Andere Übersetzungen allerdings sprechen von Ginsterstrauch oder Ginsterbusch. So auch Lexika wie die Encyclopaedia Judaica, B, Volume 4, Jerusalem 1971, S. 1.408 oder *Immanuel Löw*: Die Flora der Juden, 1-4, 1924 bis 34, Nachdruck Olms, Hildesheim 1967, S. 469 – 473.

9 So beschrieben bei *Susanne Fischer-Rizzi*: Blätter von Bäumen – Legenden, Mythen, Heilanwendungen und Betrachtung von einheimischen Bäumen, München, 10. Auflage 2001, Seite 165-168. Hier werden auch ausführliche Anwendungen des Wacholders in der Naturheilkunde erwähnt, z.B. seine Wirkung gegen Ansteckung in Grippezeiten, bei Lungenkrankheiten, Bronchitis und Erkältung wie auch als Ableitungsmittel für die Nieren, zur Behandlung von Rheuma, Gicht, Arthrose, Hautkrankheiten und Wassersucht. Auch der Kräuterpfarrer *Sebastian Kneipp* hat den Wacholder besonders hoch geschätzt.

10 So übersetzen die Alte und die Neue Jerusalemer Bibel, die Luther-Bibel, die Züricher und die Einheitsübersetzung in Vers 4 urtextgemäß.

11 Wenn Sie das interessiert, können Sie diese Gedanken in meinem Buch »Die Heilkraft der Feste – Der Jahreskreis als Lebenshilfe« (siehe Anmerkung 1) im Karfreitagskapitel einmal nachlesen und vertiefen. Dort sind diese Überlegungen zum »Raum zur Klage« in aller Ausführlichkeit dargestellt.

12 Wende und Wandlung können oft nur geschehen, wenn wir diesen Prozess wirklich durchlaufen haben. Wir erkennen das auch an den Geschehnissen des Ostersonntags bei Jesu

Auferstehung: Damals wurde Maria Magdalena am Grab in ihren Tränen und ihrer Trauer ebenso wie die zwei Jünger, die sich auf der angstvollen Flucht nach Emmaus befanden, aufgenommen und aufgefangen durch die warme, verständnisvolle, liebevolle und zugleich therapeutische Frage des Auferstandenen: »Warum weinst du?« oder »Warum seid ihr so traurig?« Warum fragt er wohl so? Er öffnet damit Wege, Kanäle, Ausdrucksmöglichkeiten für die Trauer und den Schmerz, für die Not und ihre Klage. Denn es muss »raus«, es muss in Worte gefasst werden können oder sonst irgendwie auszudrücken sein. Dann kann es eine Wende geben, dies kann die Grundlage von Wandlung sein. So kann auch in unserem eigenen Leben in Krisensituationen, nach Verlust von Lebenskraft, Lebensfreude oder gesundheitlichen Möglichkeiten ein neuer Anfang möglich sein: So kann Ostern werden nach Karfreitag.

13 Wenn Jesus in neutestamentlichen Geschichten von Markus 4 und Markus 7 den bedrohlichen Wogen des Wassers (vergleichbar innerseelischen Gefühlswogen, die uns zu überschwemmen drohen) oder auch quälenden Geistern eines seelisch Kranken »befiehlt«, lebt er uns meines Erachtens – tiefenpsychologisch betrachtet – ein Modell vor, wie auch wir mit bedrohlichen Kräften umzugehen lernen können.

14 Ähnlich überliefert in der Tradition der jüdischen »Weisheit der Chassidim«: *Dieter Krabbe* und *Irit Ciubotaru*: Wo Gott sich finden läßt – jüdische Legenden und Geschichten aus dreitausend Jahren, Berlin 2001, S. 29 u. 70.

15 Genaueres dazu bei *Helmut Hark*: Die Heilkraft der Träume – Die Kreativität des Unbewussten nutzen, München 2000; *Ann Faraday*: Die positive Kraft der Träume, München, Neuauflage 1992; *Ernst Aeppli*: Der Traum und seine Deutung, München 2000, um nur einige allgemein verständlich geschriebene Einführungen in die Arbeit mit Träumen zu nennen.

16 Zu »Atementspannung«, »Wahrnehmungsübungen« und »Lichtmeditation« vgl. Sie bitte exemplarisch meine diesbezüglichen Übungen, gesprochen mit Musikuntermalung auf der CD »Ausgebrannt? – Auftanken – Kraft schöpfen – Neu werden«, München, 2. Auflage 2005.

17 *Herbert Benson*: Gesund im Stress – eine Anleitung zur Entspannungsreaktion, Frankfurt – Berlin – Wien 1978; ein Werk des Harward-Professors Benson, das jahrelang als Nr. 1 auf der Bestsellerliste in den USA stand und die große Wirkung von nur wenigen Minuten Entspannung und Meditation täglich wissenschaftlich erforschte und erwies.

18 Zitat bei *Dietrich Steinwede*: Er sendet seinen Engel vor dir her – Geschichten und Bilder von den Boten Gottes, Düsseldorf 1994, S. 100.

19 Zitat aus »Das Wunder im Alltäglichen«, Wachsen Wandeln Wagen – meditative Gedichte und Texte, Gunzenhausen, 2. Auflage, 2003, S. 25. (Nur über den Verfasser direkt erhältlich.)

20 *Rudolf Otto Wiemer*: Es müssen nicht Männer mit Flügeln sein. Geschichten und Gedichte zur Weihnachtszeit, Stuttgart 1986.

21 Aus der Fülle vorhandener Literatur zu diesem großen Themenbereich der Engelmächte empfehle ich beispielhaft: *Helmut Hark*: Mit den Engeln gehen – Die Botschaft unserer spirituellen Begleiter, München, 2. Auflage 1999; *Herbert Vorgrimler*: Wiederkehr der Engel? – Ein altes Thema neu durchdacht, Kevelaer, 3. Auflage 1991; *Sigrid Berg*: Mit Engeln durchs Jahr, München 1998; *Anselm Grün:* Jeder Mensch hat einen Engel, Freiburg, 15. Auflage 2004, *ders:* 50 Engel für das Jahr – ein Inspirationsbuch, Freiburg, 28. Auflage 2005, *ders:* 50 Engel für die Seele, Freiburg, 5. Auflage 2005.

22 Markus 5, 21-24. 25-43. Zum Ganzen vergl. *Hans Gerhard Behringer*: Geheilt werden – biblische Wundergeschichten als Lebenshilfe, München 2002, mit einer ausführlichen Interpretation verschiedener Heilungswunder.

23 Hinweise auf die Bedeutung besonders einfacher und möglichst naturnaher Ernährung mit interessanten Hintergrundinformationen fand ich so anschaulich, eindrücklich und einleuchtend wie sonst nicht bei *Christoph Michl*: Fastenwanderungen – eine wunderbare Reinigungs-, Gesundungs- und Erneuerungserfahrung, Verlag Mensch-Umwelt-Erde, Kaiserslautern, 2. Auflage 2001, S. 174-192, 241-268.

24 vergl. das Kapitel »Fastenzeit – Gewinn durch Verzicht« für nähere Inhalte und eine genauere Besprechung des Themas und auch weitere Literaturangaben in meinem Buch »Die Heilkraft der Feste« a.a.O. S. 91-104.

25 vergl. zu dem ganzen Komplex des »helfenden Gesprächs« die Grundwerke von *Carl Rogers* und *Reinhard und Annemarie Tausch* zu den Grundlagen der »Gesprächspsychotherapie«. Aus der Fülle hilfreicher weiterer Literatur nenne ich nur *Wilfried Weber*: Wege zum helfenden Gespräch. München/Basel, 12. Auflage 2000, und die Bücher von *Friedemann Schulz von Thun*: Miteinander reden 1-3, Augsburg, Sonderauflage 2005.

26 Standhaft bleiben, auch wenn alle anderen anders denken, ist ja für die Persönlichkeitsentwicklung ein ganz, ganz wesentliches Thema. Bei den traditionellen Festen des Jahreskreises wird dieses Thema im Kirchenjahr intoniert beim Reformationsfest, wo daran gedacht wird, dass es vor Jahrhunderten einige wenige gab, die es wagten, dem Machtapparat, der Autorität und »Mutter« Kirche entgegenzutreten und ihre Grundlagen zu überprüfen und in Frage zu stellen. Wie wichtig solche Widerstandskraft ist, hat nicht nur die Entwicklung der Konfessionen gezeigt, sondern besonders deutlich auch die Widerstandsbewegung im Dritten Reich!

27 Aus *Hans Gerhard Behringer*: Wachsen – Wandeln – Wagen. Meditative Gedichte und Texte, Gunzenhausen, 2. Auflage 2003, S. 93. Nur über den Verfasser direkt erhältlich.

28 zitiert nach *Willi Hoffsümmer*: Kurzgeschichten 1, 255 Kurzgeschichten für Gottesdienst, Schule und Gruppe, 21. Auflage, Mainz 2004, S. 14 f.

29 *Siegfried Fietz*: »Ich wünsche dir Zeit« CD ABAKUS-Musik LC06461, Text von *Elli Michler*, München 2002.

30 *Hans Gerhard Behringer*: Ausgebrannt? Aufatmen – Kraft schöpfen – Neu werden, München, 2. Auflage 2005, CD mit 3 von mir gesprochenen Heilungsmeditationen mit Musikuntermalung zum Distanzgewinn, Zur-Ruhe-Kommen, zur Stärkung und Revitalisierung.

31 Zitiert nach einer Sendung des Bayerischen Rundfunks, 2. Programm am 23. Juli 2004, 12:00 – 13:00 Uhr – Im »Tagesgespräch« bei *Jörg Bach* mit dem Studiogast *Nikolaus Klein* »Endlich Wochenende – können Sie noch entspannen?« Fast 3/4 aller Deutschen können – einer Umfrage zufolge – am Wochenende sich nicht richtig entspannen, spüren, geschehen lassen und eigene Bedürfnisse wiederfinden (73 % der Männer, 74 % der Frauen).

32 Vergl. zu diesen Ausführungen die hilfreichen Anregungen und Übungen bei *Luise Reddemann*: Eine Reise von tausend Meilen beginnt mit dem ersten Schritt – seelische Kräfte entwickeln und fördern, Freiburg 2005, Seite 47 ff., besonders 54 f. und 136 ff. – ebenso wie *Jon Kabat Zinn*: Im Alltag Ruhe finden. Das umfassende Meditationsprogramm, Freiburg 2003 und *Martin Seeligman:* Der Glücksfaktor, Bergisch Gladbach 2002.

33 Vergl. *Erik H. Erikson*: Identität und Lebenszyklus, Frankfurt, 4. Auflage 1977, S. 24, Anmerkung 6 über *Bruno Bettelheim*: Er machte seine Folterer zum Gegenstand eines stillschweigenden Forschungsprojektes, das er der freien Welt dann auch übergeben konnte. Beeindruckend in diesem Zusammenhang der Lebensbericht von *Viktor E. Frankel*: ... trotzdem Ja zum Leben sagen. Ein Psychologe erlebt das Konzentrationslager, München, 20. Auflage 2000 und *Elisabeth Lukas*: Von der Trotzmacht des Geis-

tes – Menschenbild und Methoden der Logotherapie, Freiburg 1986.

34 Ohnehin sei interessierten Leserinnen und Lesern generell empfohlen, dass sie all die angesprochenen Symbole wie Wüste, Höhle, Engel, aber auch bereits Brot, Weg und Baum, wie auch alle im Weiteren vorkommenden Symbole, gerne vertiefen können durch sorgfältige Studien einschlägiger (Symbol-)Lexika und Monographien der psychoanalytischen und tiefenpsychologischen Literatur. Gleichwohl bleibt meines Erachtens immer die dann jeweils erst beginnende Aufgabe und Herausforderung die: Das Gelesene mit Erfahrung zu füllen, selber zu durchleben, zu durchleiden und in Leben und Leiden konkret werden zu lassen. Nur so kann das Erkannte und Gewusste dann lebensverändernd und wirksam werden! Hier wird wieder deutlich, was generell im Grunde für alle Symbole gilt: Dass sie immer ambivalent wirken und empfunden werden. So wie die Erfahrungsweise verschieden sein kann zwischen unterschiedlichen Menschen, so kann sie auch in ein und derselben Person von Zeit zu Zeit variieren oder es können sogar verschiedene Gefühle gleichzeitig vorhanden sein: Dass ich eine Situation wie die »Höhle« als bergend und doch zugleich einengend empfinde. Dass ich »Wüste« als wohltuende Einsamkeit und zugleich einsame Verlorenheit erlebe. Das ist solchen Ursymbolen und dem Leben so eigen. Daher gilt: Was wir hier »Höhle« nennen, muss jemand, der an Klaustrophobie, einer Angst vor Enge leidet, natürlich für sich ganz anders auslegen und gestalten!

35 *Anselm Grün*: Tu dir doch nicht selber weh, Mainz, 6. Auflage 2002; *Marianne Kawohl*: Ich gestatte mir zu leben – über den Egoismus, der keiner ist, Gießen, 8. Auflage 1997.

36 Vergleichen Sie dazu bitte in meinem Buch »Geheilt werden – Biblische Wundergeschichten als Lebenshilfe, München 2002, S. 23-54.

37 Genauer habe ich das beschrieben im Kapitel »Silvester« in

meinem Buch »Die Heilkraft der Feste – Der Jahreskreis als Lebenshilfe«, München, 5. Auflage 2004, S. 71-78.

38 Ein gesünderes Alternativmodell wäre das Bild der Öllampe, wie ich es in der Geschichte von den klugen Brautjungfern in Matthäus 25 erkenne. Entfaltet in meinem Buch »Geheilt werden – biblische Wundergeschichten als Lebenshilfe«, a.a.O., Kapitel »Burn-out-Prophylaxe«, S. 115–131.

39 Ausführlicher in *Hans Gerhard Behringer*: Geheilt werden, a.a.O; S. 167–192.

40 Näheres dazu bei *Helmut Hark*: Religiöse Neurosen, Stuttgart 1984; *Tillmann Moser*: Gottesvergiftung, Neuauflage 2004; *Frielingsdorf*: Dämonische Gottesbilder – ihre Entstehung, Entlarvung und Überwindung, Mainz 2001.

41 Wertvolle Anregungen zu den folgenden Fragen und Gedanken verdanke ich *Frithjof Grässmann*. Besonders empfehlenswert zu der Thematik des Gottesbildes: *Frithjof Grässmann*: Du Nachbar Gott! Wie kann ich mit dir reden? Wege zur Spiritualität der Bibel, Treuchtlingen, 3. Auflage 1996.

42 Nur einmal Allmächtiger als rätselhafter, alter, unklarer Gottesname, el schaddaj, und der – so staunte ich weiter – ist abgeleitet von schadd, Mutterbrust – einer weiblichen Gottesvorstellung: Der »Gott der Mutterbrüste«.

43 Dass Gott konkrete, mächtige, erlösende Taten tun kann für seine Menschen, bleibt davon natürlich unberührt, aber als bloßes Eigenschaftswort, als Wesensbezeichnung kommt »allmächtig« in der hebräischen Ursprache des Alten Testaments nicht vor. Die griechische und lateinische Sprache denken und philosophieren anders. So kommt im neutestamentlichen Urtext das Wort »allmächtig« einmal in 2. Korinther 6,18 in einem Zitat aus der griechischen Übersetzung des Alten Testaments vor, und an mehreren Stellen in der späten Johannes-Offenbarung/Apokalypse als Trost für die verfolgte Kirche, dass die letzte Macht bei Gott bleibt. Ansonsten ist dem biblisch-hebräisch/aramäischen Denken ein theoretischer, abstrakter Begriff wie »Allmacht« fremd.

Denn abstrakte Begriffe wie »Allmacht, Allwissenheit, Allgegenwart« entstanden erst in der späteren Philosophie- und Dogmengeschichte des Abendlandes, eines ganz anderen Denk- und Sprachraumes als dem ursprünglich palästinisch-orientalischen Raum. Vergleiche dazu z.B. *Thorleif Boman*: Das hebräische Denken im Vergleich mit dem griechischen, Göttingen, 7. Auflage 1983. Vergl. besonders *Claus Westermann*: Theologie des Alten Testaments in Grundzügen, Göttingen, 2. Auflage 1985.

44 Aus *Hans Gerhard Behringer*: Wachsen, Wandeln, Wagen, meditative Gedichte und Texte, Gunzenhausen, 2. Auflage 2003, S. 112. Nur direkt über den Verfasser erhältlich.

45 Zitiert nach *Wolfram Nugel*: Alles in uns schweige – Erfahrungen der Stille, München 1999, S. 109–111.

46 *Karl Heinz und Ruth Röhlin*: Dag Hammarskjöld – Mystiker und Politiker – Visionen für heute, München 2005.

47 *Joachim Ernst Berendt*: Kraft aus der Stille – vom Wachsen des Bewusstseins, München 2003, Seite 115, 117 und 119.

48 Zitiert nach *Wolfram Nugel*, a.a.O., S. 109.

49 Evangelisches Gesangbuch, München, Lied 165: Gott ist gegenwärtig, Vers 6.

50 *Michael Lukas Moeller*: Selbsthilfegruppen, – Selbstbehandlung und Selbsterkenntnis in eigenverantwortlichen Kleingruppen, Hamburg 1978.

51 Wer an weiteren Informationen interessiert ist, in eine Selbsthilfegruppe gehen will, selbst eine gründen möchte oder Interesse daran hätte, das Konzept der Selbsthilfe an seiner Arbeitsstelle, an seinem Wohnort mit zu entwickeln, kann sich an folgende Adressen wenden: Deutsche Arbeitsgemeinschaft Selbsthilfegruppen, Friedrichstraße 28, 35392 Giesen, Telefon (0641) 70 22 478 oder Nationale Kontakt- und Informationsstelle zur Anregung und Unterstützung von Selbsthilfegruppen (NAKOS), Albrecht-Achilles-Straße 65, 10709 Berlin, oder weitere Informationen und Hinweise im Internet finden unter folgenden

Adressen: www.dag-selbsthilfegruppen.de, www.selbsthilfe-forum.de, www.nakos.de (Nationale Kontaktstelle und Informationsstelle zur Anregung und Unterstützung von Selbsthilfegruppen in Deutschland), www.Kosch.ch (Koordination und Förderung von Selbsthilfegruppen in der Schweiz), www.wien.gv.at/ma12/selbsthilfe (für Österreich).

Als Literaturhinweis diene *Michael Lukas Moeller*: Selbsthilfegruppen, Hamburg 1978.

52 Genaueres zu diesem Konzept bei *Friedemann Schulz von Thun*: Miteinander reden 3 – das »Innere Team« und situationsgerechte Kommunikation, Augsburg (Sonderauflage 1. Auflage) 2005.

53 aus Evang. Gesangbuch, München, ohne Jahr, Lied 637.

54 Nach einer mündlichen Mitteilung meines Freundes Dr. Helmut Hark. Vergl. dazu auch die eingehende Beschreibung eines ähnlichen Rituals bei *Heribert Fischedick*: Die Kraft der Rituale – Lebensübergänge bewusst erleben und gestalten. Stuttgart 2004, S. 116-118 »Die Einladung an die geistige Welt«.

55 Vergl. Sie bitte dazu auch die Ausführungen zu den Engeln bei Schritt 4 und die wertvolle weiterführende Literatur in Anmerkung 21.

56 Abgesehen von kleinen urtextgemäßen Änderungen in den Versen 5, 7 und 9.